NOTICE

SUR LES

TITRES, TRAVAUX SCIENTIFIQUES

ASTRONOMIQUES ET GÉOPHYSIQUES

DE

M. ÉMILE BELOT

ANCIEN ÉLÈVE DE L'ÉCOLE POLYTECHNIQUE
INGÉNIEUR EN CHEF HONORAIRE DES MANUFACTURES DE L'ÉTAT
OFFICIER DE LA LÉGION D'HONNEUR
LAURÉAT DE L'ACADÉMIE DES SCIENCES (PRIX DE PARVILLE, 1918).

PARIS
GAUTHIER-VILLARS ET Cie, ÉDITEURS
LIBRAIRES DU BUREAU DES LONGITUDES, DE L'ÉCOLE POLYTECHNIQUE
55, Quai des Grands-Augustins, 55

1928

NOTICE

SUR LES

TITRES, TRAVAUX SCIENTIFIQUES

ASTRONOMIQUES ET GÉOPHYSIQUES

DE

M. ÉMILE BELOT

ANCIEN ÉLÈVE DE L'ÉCOLE POLYTECHNIQUE
INGÉNIEUR EN CHEF HONORAIRE DES MANUFACTURES DE L'ÉTAT
OFFICIER DE LA LÉGION D'HONNEUR
LAURÉAT DE L'ACADÉMIE DES SCIENCES (PRIX DE PARVILLE, 1918).

PARIS

GAUTHIER-VILLARS ET Cie, ÉDITEURS

LIBRAIRES DU BUREAU DES LONGITUDES, DE L'ÉCOLE POLYTECHNIQUE

55, Quai des Grands-Augustins, 55

1928

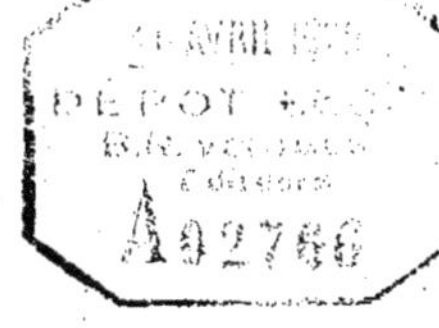

EMILE BELOT,

né à Vendôme, le 8 décembre 1857.

NOTES BIOGRAPHIQUES ET CARRIÈRE ADMINISTRATIVE.

1874-1875. Bachelier ès lettres (Lettres-Philosophie) et bachelier ès sciences.

1877. Reçu à l'École Normale supérieure et à l'École Polytechnique.

1877-1879. Élève à l'École Polytechnique.

1879-1881. Élève-Ingénieur des Manufactures de l'État.

1881-1883. Sous-Ingénieur adjoint au Directeur du chantier de construction et d'installations mécaniques de la Manufacture du Mans.

1883-1885. Directeur des travaux de construction de nouveaux bâtiments à la Manufacture de Paris-Reuilly.

1885. Ingénieur à la Manufacture des Tabacs du Mans.

1893-1900. Ingénieur à la Manufacture des Tabacs de Paris (Gros-Caillou) et Professeur technique de la fabrication des tabacs à l'École d'Application des Manufactures de l'État.

1900-1903. En congé pendant trois ans : Directeur technique de diverses sociétés industrielles.

1903. Ingénieur à la Manufacture des Tabacs de Dieppe, puis de Pantin.

1905. Directeur des Tabacs à la Manufacture du Havre.

1907-1928. Ingénieur chef directeur de la Manufacture des Tabacs de Paris-Reuilly.

TITRES.

Chevalier de la Légion d'honneur (13 juillet 1895) avec cette mention : « 17 ans et 9 mois de service ; *titres exceptionnels :* auteur de plusieurs inventions ou transformations de procédés de fabrication qui ont permis de réaliser des économies considérables ».

Officier de la Légion d'honneur (décret du 10 janvier 1914).

Médaille d'or à l'Exposition universelle de 1900 (comme collaborateur de l'Administration, ayant exposé les machines de son invention).

Ancien membre du Conseil de l'Association française pour l'Avancement des Sciences.

Vice-Président de la Société astronomique de France.

Ancien Président et membre de la Société philomathique.

ENSEIGNEMENT.

Professeur pendant 7 ans (1893 à 1900) du Cours de technique de fabrication des tabacs à l'École d'Application des Manufactures de l'État à Paris.

Cours de Cosmogonie professé à la Société astronomique de France (1912-1913).

Cours libre de Cosmogonie professé à la Sorbonne (1913-1914).

Conférences publiques faites sous les auspices de l'Association française pour l'Avancement des Sciences, de la Société astronomique de France et de diverses Sociétés scientifiques sur : *L'origine du système planétaire et la structure de notre Univers, la naissance de la Terre dans la nébuleuse, l'origine des volcans et tremblements de terre* dans les villes ci-dessous :

Paris, Rouen, Le Havre, Tours, Le Mans, La Rochelle, Rochefort, Limoges, Strasbourg, Dunkerque, Bruxelles, Liége.

NOTICE

SUR LES

TITRES, TRAVAUX SCIENTIFIQUES

ASTRONOMIQUES ET GÉOPHYSIQUES

DE

M. Émile BELOT.

I. — PUBLICATIONS INDUSTRIELLES.

On trouvera le détail de ces publications dans le *Mémorial des Manufactures de l'État* (t. II, III, IV), où j'ai inséré des articles sur les machines et procédés de mon invention appliqués et généralisés dans les Manufactures nationales des Tabacs, et dans la *Technique moderne* (t. III, numéros des 10 octobre 1911 et avril 1918), où j'ai indiqué les principes d'organisation systématique des machines et des usines (principe de continuité, etc.).

II. — PUBLICATIONS SCIENTIFIQUES.

1° Ouvrages de fond.

Nos.

1. Essai de Cosmogonie tourbillonnaire (in-8°, XI-280 pages). Paris, Gauthier-Villars, 1911.

2. Origine des formes de la Terre et des planètes (in-8°, XII-203 pages). Paris, Gauthier-Villars, 1918.

3. L'origine dualiste des Mondes et la structure de notre Univers (in-16, 216 pages). Paris, Payot, 1924.

2° Comptes rendus de l'Académie des Sciences [1].

A. Astronomie et Cosmogonie.

Nos.

4. Sur la loi de Bode et les inclinaisons des équateurs sur l'écliptique (4 décembre 1905).
5. Sur les comètes et la courbure de la trajectoire solaire (8 janvier 1906).
6. Formule applicable aux durées de rotation directe des planètes et satellites (24 décembre 1906).
7. Sur les distances des satellites d'Uranus et de Jupiter (29 avril 1907).
8. Au sujet de la distribution des aphélies des petites planètes (28 décembre 1908).
9. Sur la formation des cirques lunaires avec reproduction expérimentale (4 mars 1912).
10. Sur la formation des anneaux dans la nébuleuse de Laplace (18 mars 1912).
11. Expérience reproduisant les spires des nébuleuses spirales (24 juin 1912).
12. La matière satellitaire en rapport avec la densité des planètes, leurs durées de rotation et leur structure superficielle (23 décembre 1912).
13. La matière zodiacale et la constante solaire (8 novembre 1913).
14. Extension d'une théorie de Faye et application au mode de formation du système planétaire (22 décembre 1913).
15. L'origine des rotations et révolutions directes et rétrogrades ainsi que des orbites cométaires (25 septembre 1916).

---

[1] Ces Notes ont été présentées jusqu'en 1912 par M. H. Poincaré, puis par MM. Deslandres, Termier, Violle, Puiseux et Bigourdan.

N°.

16. Précisions nouvelles sur la loi exponentielle des distances des planètes et satellites (13 novembre 1916).

17. Le sens véritable de rotation des nébuleuses spirales (2 janvier 1917).

18. Le rôle possible des volcans de satellites dans la production des météores (5 mars 1917).

19. L'origine possible des amas d'étoiles (26 mars 1917).

20. L'échange de matière solide entre les systèmes stellaires par les météorites à trajectoire hyperbolique (15 octobre 1917).

21. Rôle des forces dominant l'attraction dans l'architecture de la Terre et des Mondes, modèle mécanique de la formation du système solaire (13 mai 1918).

22. Sur les grandes vitesses dans les Novæ et la Cosmogonie tourbillonnaire (3 juin 1918).

23. Expériences sur un tourbillon produit en vase clos. Application au système planétaire (4 novembre 1918).

24. Sur les lois de densité interne dans les théories du Soleil (18 novembre 1918).

25. Sur le rôle de la matière satellitaire dans la structure de la Terre, des planètes et du Soleil (23 décembre 1918).

26. Hypothèse conciliant la cosmogonie tourbillonnaire avec l'explication des particularités des Novæ et du Soleil (13 janvier 1919).

27. Sur les orbites spirales à gravitation équilibrée (12 mai 1919).

28. Précisions nouvelles sur le noyau solaire primitif, sa rencontre avec la nébuleuse originelle et la formation des nébuleuses spirales (2 juin 1919).

29. Mouvement de translation d'un tore gazeux dans un milieu résistant. Application à Uranus et Neptune (169, 1919, p. 639).

30. Précisions sur la structure de notre Univers stellaire, déduites de la cosmogonie tourbillonnaire (169, 1919, p. 904).

Nos.

31. Causes possibles de la courbe de lumière et de la pulsation des Céphéides : application au noyau solaire primitif (169, 1919, p. 1083).

32. Forme nouvelle de la loi des distances des planètes et des satellites faisant ressortir la formation spirale du système planétaire et la cause de la rotation des planètes (170, 1920, p. 579).

33. Classification dichotomique de tous les astres dans l'hypothèse de leur formation par choc cosmique (170, 1920, p. 658).

34. Sur l'origine de la chaleur solaire et stellaire (170, 1920, p. 1563).

35. Loi de distribution des masses dans le système solaire et l'origine des petites planètes (171, 1920, p. 704).

36. Loi de rotation du Soleil expliquée par l'évolution et l'aplatissement du protosoleil (173, 1921, p. 27).

37. Contribution à l'étude et la formation des étoiles doubles, multiples, des amas et des nébuleuses planétaires (173, 1921, p. 703).

38. Les petites planètes de la famille de Saturne (173, 1921, p. 1069).

39. La périodicité et le mouvement des taches en latitude expliqués par la pulsation de son noyau (174, 1922, p. 283).

40. Sur le rôle des milieux nébuleux dans la dynamique des systèmes stellaire et planétaire (174, 1922, p. 1056).

41. L'évolution collective et discontinue des étoiles et des nébuleuses (176, 1923, p. 567).

42. Essai de représentation de la durée t d'évolution continue des étoiles en fonction de leur température effective θ. Application au Soleil (177, 1923, p. 245).

43. Conséquence du fait que toutes les étoiles y compris le Soleil ont dû passer par la phase de Novæ (177, 1923, p. 947).

44. Sur le mouvement d'un tourbillon dans un milieu résistant, application aux tourbillons planétaires (181, 1925, p. 122).

Nos.

45. Précisions sur le noyau dense interne du Soleil et sur le mouvement des taches en latitude (182, 1926, p. 119).

46. Limites probables de l'âge du système planétaire d'après la théorie de la radiation et les données cosmogoniques (182, 1926, p. 132).

47. Le domaine interstellaire des comètes et l'âge de la Terre (184, 1927, p. 937).

48. Origine et valeur des excentricités des orbites d'après la cosmogonie dualiste (184, 1927, p. 1537).

49. La sismicité du Soleil et la périodicité des orages magnétiques (185, 1927, p. 1259).

49 *bis*. L'origine des satellites à révolution rétrograde et la vitesse de la nébuleuse primitive (186, 1928, p. 296).

B. Géophysique.

50. Essai d'une théorie physique de la formation des océans et continents primitifs (2 mars 1914).

51. Essai de vérification de la nouvelle théorie physique sur la formation des océans et des continents primitifs (6 juillet 1914).

52. Théorie orogénique dérivant de la théorie physique de la formation des océans et des continents primitifs (25 janvier 1915).

53. Le déficit et l'excès de la pesanteur sur les continents et les îles en rapport avec la condition isostatique de la croûte terrestre (9 août 1915).

54. Sur l'origine possible du magnétisme terrestre (3 avril 1916).

55. Contribution à l'étude des causes du volcanisme (25 avril 1916).

56. La dissymétrie du Pacifique, la loi des antipodes et les formes générales profondes de la Terre dans l'hypothèse d'un déluge austral (19 juin 1916).

57. Les volcans expérimentaux et les lois de la volcanicité (7 août 1916).

Nos.

58. La courbe décrite par le pôle magnétique boréal depuis 1541 (8 janvier 1917).

59. L'hypothèse satellitaire et le problème orogénique (22 janvier 1917).

60. Sur quelques principes applicables à la Planétographie comparée (25 juin 1917).

61. L'histoire physique et balistique des volcans lunaires (30 juillet 1917).

62. Reproduction expérimentale de la formation des grandes chaînes de montagnes avec surrection de géosynclinaux, nappes de charriage et plissements (en collaboration avec M. Charles Gorceix (8 avril 1918).

63. Reproduction expérimentale des plissements montagneux et des nappes de charriage dans l'hypothèse d'un déplacement horizontal des couches internes (8 juillet 1918).

64. Sur une forme de volcanisme latent en relation avec les tremblements de terre et les raz de marée avec reproduction expérimentale (177, 1923, p. 700).

65. Application des principes de la cosmogonie dualiste et de l'isostasie à l'étude de divers problèmes géologiques (179, 1924, p. 188).

66. La genèse des continents et des mers (178, 1924, p. 583).

67. Causes dynamiques et isostatiques des dissymétries des hémisphères de la Terre et de la Lune (181, 1925, p. 873).

3° Comptes rendus des Congrès de l'Association française pour l'Avancement des Sciences.

68. Essai de Cosmogonie tourbillonnaire (1908),

69. Formules nouvelles donnant pour les astres du système solaire leur durée de rotation, leur distance au centre et leur inclinaison d'axe (1908).

Nos.

70. L'origine dualiste des nébuleuses spirales (1909).

71. La Terre et la Lune d'après la Cosmogonie tourbillonnaire (1909).

72. Éclaircissements sur divers points de la Cosmogonie tourbillonnaire et réponse à des objections (1911).

73. Les nébuleuses et l'origine des mondes (1911).

74. La genèse de l'atome et la distribution des raies spectrales (1911).

75. Les postulats de la Cosmogonie de Sée (1912).

76. Les forces répulsives à l'origine des mondes (1912).

77. Sur la vitesse de translation des noyaux planétaires dans la nébuleuse primitive (1914).

78. Le premier de tous les déluges. Lois de répartition des mers et des continents primitifs (1914).

4° Articles parus dans diverses Revues.

79. Essai de Cosmogonie tourbillonnaire (*Bulletin de la Société astronomique de France*, 1907).

80. L'origine cosmique des formes de la Terre (*Ibid.*, août 1916).

81. Courbe décrite par le pôle magnétique dans la région boréale depuis 1541 (*Ibid.*, juin 1917).

82. La découverte de la rotation des nébuleuses planétaires et spirales (*Ibid.*, septembre 1917).

83. Essai de Cosmogonie tourbillonnaire (*Journal de l'École Polytechnique*, 12e cahier, 1908).

84. Tourbillons de Weyher. Effets des tourbillons dans les fluides (*Ibid.*, 15e cahier, 1911).

85. Les tourbillons et le dualisme en Cosmogonie (*Revue générale des Sciences*, 30 mai 1912).

86. La position du problème cosmogonique (*Ibid.*, 30 mai 1912).

87. Le système solaire primitif (*Revue scientifique*, 17 décembre 1910).

88. Le problème cosmogonique et les méthodes cosmogoniques (Leçons d'ouverture d'un cours libre à la Sorbonne) (*Ibid.*, 21 mars 1914).

89. L'origine cosmique des formes de la Terre (*Ibid.*, juin 1916).

90. La loi des distances des planètes et satellites et la stabilité du système solaire (*La Nature*, 28 mars 1914).

91. Le volcanisme expérimental (*Ibid.*, 28 octobre 1916).

92. L'origine des mondes (*Revue du mois*, 1909).

93. Les idées cosmogoniques modernes (*Revue de Métaphysique et de Morale*, 1912).

94. L'origine dualiste des mondes (*Bulletin des Anciens Élèves de l'École Polytechnique*, 1912).

95. Le compartimentage de la Science et l'ignorance générale de la Physique (*Bulletin de la Société philomathique*, 1917).

96. Le sens pratique dans l'éducation, condition du progrès de la Science et de l'industrie *Ibid.*, mars 1918).

97. La méthode inductive en Cosmogonie et les lois nouvelles du système solaire [*Astronomische Nachrichten* (Kiel), juillet 1913].

98. Les nébuleuses et l'origine des mondes [*Ciel et Terre* (Belge), mars 1913].

99. Sur la loi des distances des planètes et des satellites et le calcul des probabilités (*The Observatory*, décembre 1917).

100. Le volcanisme sur la Terre et sur la Lune : le volcanisme expérimental (*Revue scientifique*, 22 novembre 1919),

101. La Cosmogonie dualiste et tourbillonnaire : sa méthode et ses preuves (*Ibid.*, 10 novembre 1928).

N°.
102. L'architecture de l'Univers, œuvres des forces répulsives (*La Nature*, 9 juillet 1921).

103. L'Univers stellaire à la lumière de la Cosmogonie dualiste (*Ibid.*, 11 février 1922).

104. Danger de l'application du calcul des probabilités aux Sciences de la Nature et à l'Astronomie (*Scientia*, septembre 1919).

105. La catastrophe de Tokyo : ses causes d'après la nouvelle théorie marine du volcanisme (*Ciel et Terre*, 1924, Bruxelles).

III. — LA SCIENCE PRATIQUE DE L'INGÉNIEUR SPÉCIALISÉ DANS LA MÉCANIQUE MISE AU SERVICE DE LA SCIENCE DES MÉCANISMES COSMIQUES OU ASTRONOMIE COSMOGONIQUE.

Dans la première partie de ma carrière d'ingénieur (1879-1903) j'ai acquis une grande expérience des mécanismes les plus divers que j'ai appliquée à l'invention d'un grand nombre de machines et appareils aujourd'hui généralisés dans le service des manufactures de l'État. La pratique des mouvements de la vapeur et de l'air dans les conduites, du fonctionnement des chaudières et de la circulation de l'eau qui y est systématique devait aussi beaucoup me servir dans mes recherches de géophysique. Enfin j'ai eu la bonne fortune de travailler dans le laboratoire de mon regretté ami, le célèbre ingénieur Ch. Weyher qui a reproduit au moyen de tubes-tourbillons aériens les phénomènes des trombes marines et des attractions en répulsions magnétiques.

Ce bagage pratique de connaissances variées inocule à haute dose à l'ingénieur le *sens des réalités*. Là où le mathématicien ne pose comme prémisses à ses calculs que des postulats aprioriques : rôle cosmogonique des marées (Darwin), de la capture (T. See) des demi-chocs à distance (Chamberlin et Moulton, Jeans) et n'applique à ces postulats que la méthode déductive des sciences exactes, l'ingénieur raisonnera en physicien et saura qu'il ne faut appliquer à une science de la Nature (Astronomie cosmogonique) que la méthode inductive des sciences physiques en cherchant les prémisses dans les réalités et en se gardant avant tout de postulats cachés non explicités tels que celui-ci : l'*Architecture des Mondes est l'œuvre d'une force unique, la gravitation*. Tous nos résultats prouvent au contraire que l'*architecture du système planétaire est l'œuvre des forces dispersives et répulsives*, la gravitation n'intervenant que pour stabiliser cette architecture.

Mais le sens pratique de l'ingénieur intervient encore autrement dans ses recherches de science pure : il lui permet de construire des modèles reproduisant les mécanismes cosmiques qu'il imagine et qui l'aident puissamment à en découvrir les propriétés. On sait qu'un anneau de fumée projeté dans l'air en sortant d'une boîte dont le couvercle est percé d'un trou circulaire, augmente de diamètre par la résistance de milieu de densité $\frac{1}{K}$. Quelle est la méridienne de sa trajectoire ? Un calcul simple (44, 29) montre que c'est une courbe logarithmique (1) $\left(Z = K\Gamma \frac{r}{r_0}\right)$.

Or la méridienne de la trajectoire d'une nappe planétaire dans la nébuleuse primitive est précisément une courbe logarithmique.

Figurons au moyen de deux méridiens en feuillard plat soudés aux pôles une sphère élastique représentant un Soleil en pulsation analogue à une Céphéide. Pour permettre la pulsation, suspendons-la par 4 fils à la latitude $\lambda = 35°16'$ $\left(\sin^2\lambda = \frac{1}{3}\right)$ où la mécanique céleste démontre l'existence du parallèle commun à une sphère et à un ellipsoïde équivolume.

Si l'on donne un choc dans la région polaire de notre sphère armillaire des masses posées à l'équateur s'en échappent radialement exactement comme les masses des nappes planétaires ont été expulsées par l'équateur protosolaire.

La période de la pulsation augmentera si l'on charge de masses de plomb les méridiens exactement comme la période d'une Nova augmente en se chargeant de la matière de la nébuleuse traversée. C'est ainsi que la période de la Nova protosolaire d'abord de quelques

(1) M. Sadron, dans un travail exécuté à la Faculté des Sciences de Poitiers, a vérifié que ma formule s'appliquait très exactement aux anneaux produits (*Journal de Physique*, t. VII, mars 1926, p. 77).

jours a pu avec le temps grâce à la masse condensée et à la viscosité nous donner l'explication de la période undécennale de l'activité solaire.

La circulation de l'eau et de la vapeur dans les chaudières nous a mis sur la voie de l'explication des volcans et des moyens propres à les reproduire en laboratoire : de même pour la reproduction des plissements montagneux reproduits par déplacement de couches hétérogènes sous pression imitant celui du magma igné du Nord vers le Sud pour remplir le remplacement équatorial. La considération des turbines centripètes devait m'aider à ruiner les arguments de Newton contre les tourbillons de Descartes.

Enfin j'ai pu avec un réseau de fils de laiton réaliser à une échelle donnée le modèle de la formation du système planétaire avec les trajectoires en hélice évasée des molécules planétaires et leur projection en spirale logarithmique sur un plan parallèle à l'écliptique. Deux tubes concentriques figurant le tourbillon primitif de la Terre et sur lesquels on fixe une sphère de poix permettent par leur rotation relative de reproduire à la surface de la poix les hélices de torsion caractéristiques des reliefs profonds de la Terre.

Cet ensemble d'appareils mécanisés ou non montre l'aide que peut donner au savant un laboratoire de *Cosmogonie expérimentale*.

IV. — MÉTHODE DE L'ASTRONOMIE ÇOSMOGONIQUE.

La méthode inductive et les lois empiriques du système planétaire. — Le succès des fondateurs de l'Astronomie moderne, Képler et Newton, est dû à l'application faite inconsciemment par eux de la méthode inductive des sciences physiques, Képler tirant de la réalité trois lois empiriques dont la forme mathématique est expliquée par la théorie de la gravitation de Newton. La grande supériorité d'une telle méthode est que la théorie expliquera les faits exprimés en nombres et qu'elle ne laissera aucun paramètre sans signification physique et sans précision numérique. Pour reprendre cette méthode, il fallait trouver de nouvelles lois dans le système planétaire, lois qui ne devaient pas dépendre de la gravitation; car elles n'eussent pas échappé aux analystes. Mais il y a dans la nature d'autres lois que celles qui dépendent du mouvement et d'équations différentielles : ce sont celles qui caractérisent l'architecture des systèmes (formes cristallines, structure atomique, distribution et orientation des masses, etc.).

Je trouvai empiriquement en novembre 1903 la *loi des rotations directes* (6) communiquée à Callandreau en janvier 1904 et publiée seulement en 1906 et en 1905 la *loi exponentielle des distances des planètes et satellites* (4). Ces deux lois étaient de forme additive à deux termes, ce qui me suggéra l'origine dualiste du système planétaire. Il s'agissait alors d'un choc originel entre deux astres et seules les étoiles nouvelles (Novæ) pouvaient nous donner actuellement un exemple sidéral de tels chocs : les Novæ, quelques mois après leur apparition, émettent d'ailleurs des nappes nébuleuses divergeant du centre à grande distance et qui peuvent être assimilées aux nappes planétaires du système.

L'interprétation géométrique et physique de la loi des distances me conduisit en 1905 à trouver la *loi des inclinaisons des axes planétaires* (4). Enfin en 1920 (35) je trouvai empiriquement et je démontrai la *loi de distribution des grandes masses dans le système solaire*.

On voudra bien observer que la grande précision de l'application numérique de ces lois ne laisse aucun doute sur leur existence : la loi de Bode n'était qu'une recette arithmétique, non applicable aux satellites et si imprécise qu'elle a conduit Le Verrier à la distance 38,8 pour Neptune alors que notre formule donne 33,2 seulement, distance qui aurait permis à Le Verrier une bien meilleure approximation de la masse de Neptune.

Suivant le processus de la méthode inductive, il me fallait donner une interprétation mécanique et physique de ces lois et c'est seulement après avoir jeté les bases de la théorie nouvelle qu'il devenait possible de lui appliquer la méthode déductive pour en tirer de multiples conséquences à vérifier.

Il fallait aussi déblayer le terrain cosmogonique des théories et objections présentées jusqu'ici. La prétendue contradiction relevée par Newton et accueillie par Faye [1] entre les temps périodiques

[1] Faye, *Origine du Monde*, p. 110 et 118.

dans un tourbillon ($T \sim R^2$) et dans une orbite képlérienne $\left(T \sim R^{\frac{3}{2}}\right)$ est réduite à néant en admettant que le *plein* de la nébuleuse de Descartes ne permet pas l'application de la loi des aires, et que même en l'admettant, la pression centripète exercée par l'attraction vers le centre de la matière nébuleuse sur la surface externe d'une nappe tourbillonnaire en mouvement divergent tend à la rapprocher du centre en accélérant son mouvement angulaire, par le même mécanisme qui dans une turbine centripète fait tourner les aubes par la pression de l'eau sur leur face externe. Ainsi les tourbillons pouvaient de nouveau avoir droit de cité dans la Mécanique céleste après en avoir été bannis pendant plus de deux siècles par Newton. En introduisant dans la théorie des anneaux de Laplace par Roche, la force répulsive (10) il n'y a plus dans l'équateur de l'atmosphère du Soleil primitif d'arête vive qui puisse laisser échapper la matière d'un anneau.

Faye, dans sa théorie des rotations planétaires, parti d'une hypothèse irréalisable physiquement, n'avait pas vu qu'un noyau compris entre deux nappes d'abord sphériques les déforme par son attraction, ce qui empêche qu'elles soient concentriques.

La difficulté soulevée par Chamberlin et Moulton (hypothèse planétésimale) Jeans, Véronnet, au sujet du moment de rotation des planètes 28,2 fois plus grand que celui du Soleil, ce qui rend, en apparence, impossible la naissance des planètes par expulsion équatoriale de matière solaire, disparaît si l'on admet que le Soleil primitif était géant et animé d'une rotation voisine de la révolution de Mercure avec un rayon peu différent du rayon moyen de son orbite : il avait alors un moment de rotation 1700 fois plus grand que celui du Soleil actuel.

Le règne cosmique a révélé par le spectroscope son unité de composition chimique, toutes les forces physiques ont été reconnues universelles comme la gravitation, la géométrie plane caractérise l'architecture des systèmes cosmiques (spirales, systèmes planétaire et satellitaire).

Nous en avons conclu à *l'unité de plan génétique* de tous les systèmes et par suite à leur *origine dualiste* qu'ils partagent ainsi avec la plupart des êtres des règnes végétal et animal. Mais ceux-ci se reproduisent aussi par *scissiparité* et ce mode de reproduction existe aussi dans les branches des spirales (1, p. 224) et dans les étoiles en voie de condensation. Nous donnerons ici une exposition synthétique de notre théorie, de nos résultats et des preuves qui la justifient.

V. — EXPOSITION SYNTHÉTIQUE DE LA COSMOGONIE DUALISTE ET TOURBILLONNAIRE.

Hypothèse générale de la Cosmogonie dualiste. — L'hypothèse la plus simple capable d'expliquer l'existence des deux courants d'étoiles de Kapteyn est la rencontre primitive pour former notre Univers de deux nébulenses animées de translations rapides ayant produit sur leurs surfaces de contact une concentration mécanique de matière devant se continuer par gravitation dans le plan du maximum des aires. Ces rencontres dans des fluides produisent des tourbillons d'où les rotations des étoiles. Il existera donc à l'origine dans notre Univers des étoiles géantes en rotation et des résidus de nébuleuses en translation ; d'où l'hypothèse cosmogonique générale :

Tous les systèmes sidéraux résultent du choc d'une masse M *en rotation sur une nébuleuse* N *douée de translation.*

— Si le choc a lieu dans la région polaire d'un soleil géant M [1], il entre en pulsation périodique, se renflant alternativement à l'Équateur et aux pôles. L'Équateur de M peut alors émettre périodiquement des *nappes planétaires* à section circulaire.

— Si le choc a lieu dans la région équatoriale de la masse M, il se forme à 90° du point de choc deux bourrelets doués de rotation, origines de deux spires diamétralement opposées. Dans le cas d'une nébuleuse spirale, la masse centrale M peut être un amas globulaire en rotation : de toutes nos recherches sur le système planétaire (3) et notamment de la loi des masses et de l'origine des petites planètes

---

(1) Jusqu'en 1919 (26) j'avais admis que la masse M était un tube-tourbillon comme pour les planètes : car en supposant sphériques les noyaux de celles-ci leurs densités pour la Terre, Mars et Saturne arrivaient aux valeurs absurdes pour des planètes de 138-846-700. Il est probable que la forme de tube-tourbillon a existé pour les noyaux stellaires à une époque très voisine de leur naissance.

résulte que la nébuleuse primitive (et sans doute toutes les nébuleuses) a dû être composée comme notre atmosphère d'un mélange de gaz variés tenant en suspension des poussières microscopiques d'un grand nombre de composés chimiques. La densité moyenne de la nébuleuse primitive ne devait pas dépasser 10^{-16}. A l'inverse des cosmogonies monistes où la translation uniforme de l'astre central n'a à jouer aucun rôle, il faut dans notre Cosmogonie dualiste préciser la translation du *protosoleil* par rapport à la *nébuleuse primitive*, d'autant qu'à la vitesse actuelle de 20^{km} par seconde l'énergie de translation de notre système vaut plus de 200 fois son énergie de rotation et de révolution. Nous avons admis comme plan de référence l'écliptique substitué pour la commodité au plan invariable de notre système et pris comme plan de la figure 1 un plan perpendiculaire à l'écliptique contenant la vitesse W_0 relative du choc du protosoleil sur la nébuleuse, cette vitesse faisant comme actuellement la direction de l'apex un angle de 28° avec l'axe de l'écliptique. La vitesse W_0 était de l'ordre de 2000^{km} par seconde, vitesse mesurée par les observations spectroscopiques de la Nova de l'Aigle (1918); S étant la position d'arrivée du protosoleil dans l'écliptique primitive, la nébuleuse avait dans le plan ZSY une composante V d'arrière en avant du plan de la figure : j'ai pu évaluer V à 12^{km} (49 *bis*) par la vitesse orbitale des satellites rétrogrades de Jupiter et de Saturne.

Le protosoleil de rayon $a = 62{,}3$ fois le rayon solaire (d'après le premier terme de la loi des distances) très aplati en raison de sa rotation en 57 jours avait son axe parallèle à celui de l'écliptique au moment de son choc en B sur la nébuleuse. Ce choc augmente le rayon équatorial de ε en sorte que la pulsation expulse périodiquement une nappe planétaire de rayon $a + \varepsilon$ dont les molécules décrivent dans la nébuleuse des hélices évasées ayant pour enveloppes (comme des anneaux de fumées dans l'air) des courbes logarithmiques

$$Z = KL\frac{x-a}{\varepsilon}, \tag{1}$$

courbes rapportées au point B de choc : la densité de la nébuleuse étant proportionnelle à $\frac{1}{K}$.

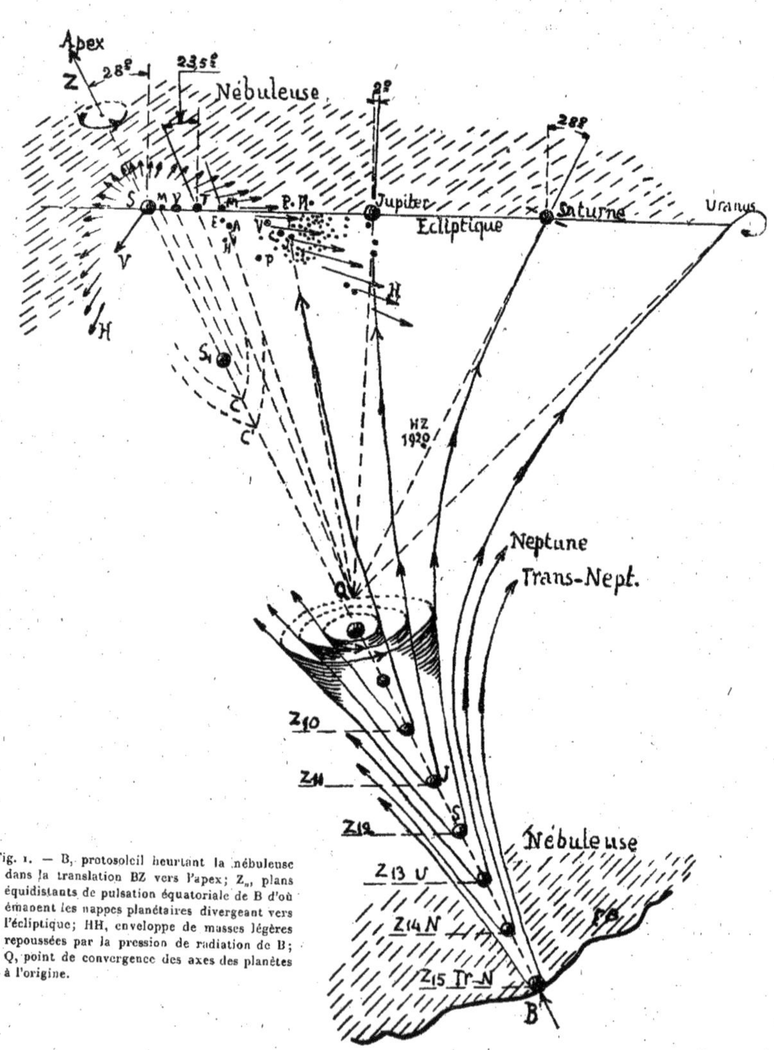

Fig. 1. — B, protosoleil heurtant la nébuleuse dans la translation BZ vers l'apex; Z_n, plans équidistants de pulsation équatoriale de B d'où émanent les nappes planétaires divergeant vers l'écliptique; HH, enveloppe de masses légères repoussées par la pression de radiation de B; Q, point de convergence des axes des planètes à l'origine.

La vitesse W_0 de translation diminuant dans la proportion où se ralentit la pulsation par la charge de matière nébuleuse sur le pro-

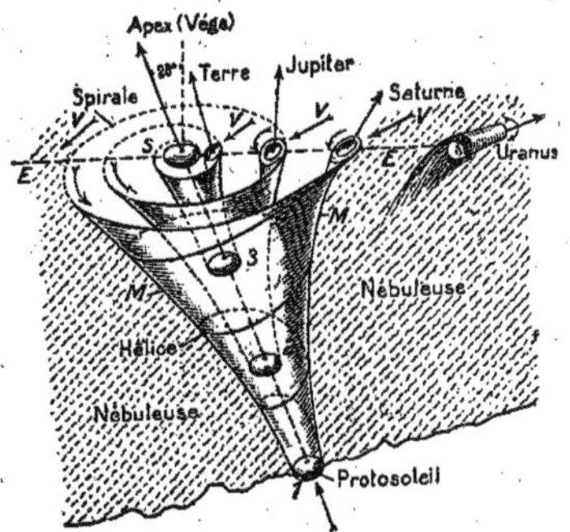

Fig. 2. — Vue perspective partielle de la figure 1 montrant la forme des nappes planétaire dont les molécules décrivent des *hélices* évasées projetées suivant des *spirales* dans l'écliptique. M méridiennes courbes *enveloppes logarithmiques* des nappes que la vitesse V de la nébuleuse enroule dans le plan de la figure perpendiculaire à l'écliptique en *tubes-tourbillons* (planètes directes) ou en *tores-tourbillons* (uranus et planètes rétrogrades).

tosoleil, les positions Z_n des centres de pulsation seront équidistantes dans la nébuleuse sur BSZ. On aura donc

$$Z_1 = Z_n - Z_{n-1}$$

et

$$Z_n = n Z_1, \tag{2}$$

d'où par (1) en prenant ε comme unité, les distances X_n dans l'écliptique

$$X_n = a + (X_1 - a)^n = a + c^n.$$

C'est la *loi exponentielle des distances des planètes et satellites.*

Les courbes méridiennes des nappes planétaires font avec l'axe de l'écliptique des angles β donnés *à droite de la figure* par la formule

$$\operatorname{tang}\beta = \frac{X - a}{K \cos 28} - \operatorname{tang} 28^\circ. \tag{3}$$

En faisant $K = 9.903$ *ua* dans la formule (3) on a (tableau III) précisément les angles des axes planétaires avec l'axe de l'écliptique.

C'est la *loi des inclinaisons des axes planétaires* insoupçonnée jusqu'ici en Astronomie, et qui peut s'énoncer ainsi :

A l'origine tous les axes des planètes directes sont dans un même plan perpendiculaire à l'écliptique et s'y rencontrent en un même point Q sur la trajectoire du protosoleil vers l'apex.

Comment à droite et non à gauche de la figure les tangentes aux méridiennes des nappes deviennent-elles les axes des planètes? C'est qu'à gauche les vitesses tangentielles U dans les nappes sont de même sens que la vitesse V de la nébuleuse, tandis qu'à droite elles sont de sens inverse provoquant par cet antagonisme un *tube-tourbillon local* dans chaque nappe où s'amasse ainsi toute sa masse sur son profil avec une vitesse relative $V + U$. Ainsi toutes les planètes débutent sous la forme de tubes-tourbillons coaxiaux dont le premier terme de la loi des distances donne le rayon pour chacune d'elles.

Par là se trouve résolue cette grosse difficulté de la Cosmogonie de Laplace et de Faye de savoir pourquoi il n'y a en général à chaque distance qu'une grosse planète.

Que se passe-t-il pour les planètes rétrogrades? La formule (3) permet de calculer la distance 21,7 *ua* où une nappe a sa tangente perpendiculaire à la direction de l'apex ($\beta = 62°$). Cette distance est très voisine de celle d'Uranus : c'est dire qu'à cette distance comme on l'a indiqué sur la figure 2 la nappe planétaire est rebroussée par la résistance de la nébuleuse et enroulée en forme de *tore-tourbillon* de grand rayon (5,41 d'après la loi des distances) dont le plan est à peu près parallèle à celui de l'écliptique. On n'avait jamais expliqué comment l'axe d'Uranus était à 8° près couché dans l'écliptique. On comprend en même temps pourquoi la loi des rotations des astres de sens direct ne peut s'appliquer aux planètes rétrogrades.

La valeur $K = 9.903$ *ua* permet de calculer la dimension de la nébuleuse primitive : si B est le point d'émission de la nappe trans-neptunienne ($n = 15$), on a

$$BS = 15 \times Z_1 = 15 \times 9.903 \times L\,1,886 = 94,2\ ua.$$

L'écliptique primitive s'étant sans doute déterminée au milieu de l'épaisseur de la nébuleuse primitive, celle-ci devait mesurer environ 200 *ua*; il faudrait multiplier par 5 les distances mesurées sur BZ pour que sur la figure elles soient à la même échelle que les distances dans l'écliptique.

Pour achever de préciser la balistique cosmique dans les nappes planétaires, il suffit d'admettre en raison de l'importance de la translation Z que la résistance de milieu a été proportionnelle $\left(\text{coefficient } \frac{1}{k}\right)$ au carré de la vitesse W et que la propriété tourbillonnaire y est caractérisée par la proportionnalité de Z à Ω : on a alors :

$$\frac{d^2z}{dt^2} = -\frac{1}{K}\left(\frac{dZ}{dt}\right)^2, \quad Z = BK\Omega,$$

d'où

(4) $$Z = KL\frac{W_0}{W}$$

et

(5) $$\frac{t}{K} = \frac{1}{W} - \frac{1}{W_0},$$

d'où par (1) et remplaçant X par le rayon ρ

(6) $$\rho = a + \varepsilon e^{B\Omega}.$$

Connaissant Z et K la formule (4) permet de calculer W_0 si l'on connaît la vitesse W *à la sortie de la nébuleuse primitive :* en prenant $W = 20^{km}$ par seconde vitesse actuelle du système solaire on trouve pour W_0 une vitesse de l'ordre de celle de la lumière, ce qui m'avait induit en erreur au début de mes recherches. Il faut seulement conclure de ce calcul que la vitesse W était sans doute inférieure à 1^{km} à l'origine parce que notre système était alors très loin du noyau de la Voie lactée dont l'attraction a porté W à 20^{km} quand nous nous sommes approchés de son centre.

La formule (5) quand W_0 est très grand permet de calculer *t* si l'on connaît K : on trouve que le système solaire a mis seulement 2,3 ans à réduire sa vitesse à 20^{km} dans la nébuleuse, c'est-à-dire à être entièrement formée; c'est une durée de même ordre que l'on observe pour l'évolution des Novæ. Mais la durée du parcours de notre système depuis sa formation peut être calculée de diverses manières (46) par la préçession d'Uranus (1, p. 91) par l'attraction du noyau central de la Voie lactée, la distance de la spire interne de la Voie lactée dont la matière nébuleuse a sans doute causé le choc du protosoleil il y a environ 330 millions d'années.

La formule (6) donne la courbe projection sur l'écliptique de la trajectoire des molécules dans une nappe planétaire : c'est aussi *l'équation des spires des spirales*, qui ne sont ni des courbes synchrones, ni des trajectoires centripètes de matière comme on l'a cru longtemps, mais bien des trajectoires de matière en mouvement centrifuge comme pour dans les nappes planétaires.

Ainsi *les mêmes équations et la même origine dualiste expliquent la formation de systèmes aussi dissemblables en apparence que le système planétaire et les nébuleuses spirales.*

VI. — LA STABILITÉ DU SYSTÈME SOLAIRE (63).

Avant toute recherche sur les deux premières lois nouvelles du système solaire, on peut tirer de leur précision et de leur existence même la *preuve pratique de la stabilité du système solaire* que l'emploi en Mécanique céleste de séries trigonométriques semi-convergentes ou à convergence absolue non uniforme ne permettaient pas d'affirmer, comme H. Poincaré l'a démontré. En effet si, depuis l'origine, les distances des planètes ou satellites avaient changé d'une manière un peu notable par les résistances de milieu, l'action des marées, des perturbations dues à leur attraction mutuelle et s'accumulant dans le même sens, il est évident que ces causes n'auraient pas agi de la même manière sur les gros astres et sur les petits, sur les planètes éloignées et sur les planètes rapprochées du Soleil, en sorte qu'on ne reconnaîtrait plus actuellement aucune loi des distances des planètes et des satellites. Les seules variations de distance que l'on constate dans le tableau des distances sont dues aux librations conformes à la Mécanique céleste et à la tendance pour les petits astres (Mars, petites planètes, comètes) à entrer dans leur orbite par l'aphélie. C'est une libration conforme aux variations da, da' tirées de la relation $\left(\frac{m}{a} + \frac{m'}{a'} = \text{const.}\right)$ donnée par Laplace qui a rapproché la Terre de Vénus et Hypérion de Titan. C'est la libration démontrée par Laplace entre les satellites I, II, III de Jupiter :

$$n_1 + 2n_3 = 3n_2,$$

qui régit les écarts $da_1 - da_2 - da_3$ entre les distances calculées et observées de ces trois satellites (¹).

Ainsi bien loin que les distances calculées empiriquement soient entachées d'erreurs accidentelles, elles sont liées ensemble par les lois de la Mécanique céleste ; et rien ne saurait mieux démontrer l'erreur de quelques astronomes qui ont voulu appliquer la méthode des moindres carrés aux distances empiriques données par la loi des distances.

La stabilité du système solaire est encore démontrée par la loi des rotations planétaires, même considérée empiriquement. Si les marées avaient eu l'importance que leur a donnée Darwin pour changer la durée de rotation des planètes et leurs distances à leurs satellites, on ne trouverait empiriquement pas plus une loi des rotations planétaires qu'une loi des distances. Or si la recherche purement empirique a conduit à une loi des rotations déjà très approchée (15), la démonstration théorique de cette loi (11, 21) a permis de la perfectionner par l'introduction du facteur $\left(1 - \frac{1}{\alpha}\right)$ dû à l'aplatissement, au point que les écarts entre les durées de rotation calculées et observées pour les planètes tombent de 10 à 1 minute.

(¹) En différentiant la relation ci-dessus et y introduisant les distances a_1, a_2, a_3 des satellites I, II, III de Jupiter, on trouve

$$da_1 = -\frac{1}{2}\left(\frac{a_3}{a_1}\right)^{\frac{5}{2}} da_1 + \frac{3}{2}\left(\frac{a_3}{a_2}\right)^{\frac{5}{2}} da_2.$$

Avec $da_1 = +0{,}043$ et $da_2 = -0{,}085$ donnés par la loi des distances on trouve bien $d_3 = -0{,}7$, différence que l'on pourrait à tort imputer à l'inexactitude de la loi empirique.

Enfin il résulte de cette stabilité que depuis la formation du système planétaire, soit environ 330 millions d'années, aucune masse stellaire n'a approché du Soleil plus près que la distance de Neptune.

VII. — LOI EXPONENTIELLE DES DISTANCES x_n DES PLANÈTES ET SATELLITES :

$$(x_n = a + c^n).$$

La recherche empirique d'une loi de la nature doit être dirigée par le sens des conditions physiques impliquées dans le problème à résoudre. Une loi des distances doit remplir les conditions suivantes dont n'ont pas tenu compte Bode, Gaussin, Armellini, etc. :

1° Elle doit s'appliquer aux satellites comme aux planètes.

2° Les distances empiriques obtenues doivent vérifier les conditions (p. 25) imposées par la Mécanique céleste.

3° Elle doit être très exacte pour les très grosses planètes (Jupiter, Saturne) dont les distances *a priori* ont dû beaucoup moins varier depuis l'origine par les marées, résistance de milieu et perturbations que celles des astres de petite masse.

4° Elle ne doit renfermer ni trop (Bode) ni trop peu (Gaussin, Armellini) de paramètres, ce qui guide dans les tâtonnements empiriques.

5° On n'a pas à se préoccuper des « cases vacantes » qu'elle indique (à condition qu'elles puissent s'expliquer par la Mécanique céleste) pas plus qu'on ne s'en est occupé pour la loi de Balmer et le tableau de Mendeleef. L'existence de ces « cases vacantes » est une condition de progrès de la science cosmogonique. La loi ($x_n = a + c^n$) que j'ai indiquée en 1905 (13) répond à toutes ces conditions : la théorie montre qu'elle s'applique seulement dans le plan équatorial d'un système. Les nombres donnés ci-dessous se rapportent aux éléments de l'*Annuaire du Bureau des Longitudes pour l'année* 1915, un peu différents de ceux publiés (11) dans mon *Essai* d'après les données antérieures.

L'extrême précision des distances calculées permet les conclusions cosmogoniques suivantes :

A. *Les nombres c* (que j'ai appelés les *caractéristiques* de chaque système) *sont sensiblement proportionnels à la racine cubique de la densité de l'astre central.* Il suffit de faire $n = 1$ et d'appliquer la troisième loi de Képler pour s'en rendre compte.

B. Il en résulte que *la Lune ne peut être que le cinquième satellite de la Terre* (p. 29). La loi des distances exige que celles-ci soient mesurées dans le plan équatorial, ce qui explique la divergence apparente entre 70,811, nombre calculé, et 60,27, distance réelle. Les anneaux satellitaires de rayons 1,35-3,247-8,744-24,670 par leur précipitation dans la région équatoriale de la Terre expliquent aussi bien les quatre périodes orogéniques discontinues que les anneaux x_0, x'_1, x'_2, x'_3 de rayons 1,814-1,396-1,153-1,011 autour de Jupiter en expliquent les trois systèmes de bandes en dehors de la bande équatoriale ainsi que leur vitesse de rotation supérieure à la vitesse moyenne de la planète.

C. *Il existe entre le système planétaire et celui de Saturne une correspondance remarquable* due au fait que l'axe de l'écliptique fait le même angle (28°) avec la direction de l'apex et avec l'axe de Saturne : dans les deux systèmes, x_{11} donne la masse maxima (Jupiter, Titan), x_8 la masse secondaire maxima (Terre, Rhéa); x_1, x_2, x_3 des anneaux près du centre (anneaux zodiacaux, anneaux de Saturne); les masses des astres de même rang *n* y sont de même ordre (x_5, x_7, x_8, x_{11}).

D. *Il existe des « cases vacantes » ou des astres de très faible masse au-dessous des distances de tous les astres de grande masse :* ainsi x_9, x_{10}, cases vacantes du système de Saturne, sont occupées par Mars et les petites planètes dans le système solaire; de même pour les places vides au-dessous de la Lune, des gros satellites de Jupiter, de Titania.

E. *Les inégalités inexpliquées dans le système solaire peuvent toutes s'expliquer par la poussière planétaire située aux distances* x_1, x_2, x_3, x_4, x_6 : ainsi pour l'excès du mouvement du périhélie de Mercure (43″ par siècle), pour le mouvement du nœud de Vénus (0″,6), pour l'accélération de la comète d'Encke (4″,5 par an), ainsi qu'il résulte des recherches de Le Verrier, Newcomb, Backlund : elles pourraient expliquer les inégalités de la Lune d'après Saint-Blancat. Même en admettant la théorie d'Einstein, elle ne devrait pas donner la valeur 43″ pour le périhélie de Mercure, puisque, à n'en pas douter, il y a de la matière réfléchissant la lumière solaire aux distances x_1, x_2, x_3, x_4, x_6 et qui produit une partie au moins de l'inégalité inexpliquée.

F. Trouvée quelques années plus tôt (avant 1892) la loi des distances aurait découvert l'existence et la vraie distance du satellite V de Jupiter inconciliable avec la théorie de Laplace.

G. La loi des distances transportée dans le domaine de l'atome considéré comme un système solaire en miniature suivant les vues de Rutherford correspondrait à un spectre en colonnade analogue à ceux qui sont régis par la loi de Balmer (74) : les anneaux d'électrons ont donc une loi des distances au centre de l'atome.

Tableau I. — Loi exponentielle des distances $x_n = \alpha + C^n$.

$\left[a = \text{rayon du tourbillon générateur; } C = \rho M^{\frac{1}{3}} \text{ (M, masse centrale; } \rho\text{, voisin de 2)}\right]$.

Planètes.	Distances calculées.	Distances observées.	Masses $\times 10^6$.	*n*.	Satellites.	Distances calculées.	Distances observées.	Masses $\times 10^6$.
Système solaire : $x_n = 0,29 + \frac{1,886^n}{214,95}$.					*Système de Saturne :* $x_n = 0,1 + 1,311^n$.			
Anneaux zodiacaux.	0,2946	»	»	0		1,1	»	»
	0,2988	»	»	1	Anneaux. C..	1,411	1,2 –1,5	»
	0,3065	»	»	2	Anneaux. B..	1,819	1,5 –1,96	»
	0,3212	»	»	3	Anneaux. A..	2,353	1,96÷2,3	»
	0,3488	»	»	4	Mimas	3,054	3,07	0,07
Mercure ...	0,4010	0,3870	0,183	5	Encelade.....	3,974	3,94	0,25
	0,4994	»	»	6	Téthys.......	5,177	4,87	1,10
Vénus	0,6849	0,7233	2,360	7	Dioné........	6,756	6,25	1,87
Terre	1,0348	1	2,998	8	*Rhéa*	8,826	8,73	4,0
Mars	1,694	1,5236	0,315	9		11,540	»	»
Cérès, etc. .	2,939	2,76±0,7	»	10		15,098	»	»
Jupiter	5,2025	5,2025	929,4	11	*Titan*........	19,762	20,22	212,8
Saturne....	9,555	9,5547	275,7	12	Hypérion. X..	25,877	24,5–24,2	100 (?)
Uranus	17,76	19,218 (rétro)	40,5	13		33,89	»	»
Neptune ...	33,25	30,109 (rétro)	49,4	14		44,40	»	»
	62,44	»	»	15	Japet	58,18	58,91	<10
	117,51	»	»	16		76,24	»	»
				20	Phœbé (IX)..	225,03	214 (rétro)	»
Système de la Terre : $x_n = 0,35 + 2,8972^n$.					*Système de Mars :* $x_n = 0,165 + 2,605^n$.			
	1,35	»	»	0		1,165	»	»
	3,247	»	» Angle *i*	1	Phobos......	2,77	2,77	
	8,744	»	»	2	Deimos......	6,95	6,95	
	24,670	»	»	3		17,84	»	
Lune	70,811	60,27	18°±	4		58,14	»	
Système de Jupiter : $x_n = 0,814 + 1,716^n$.					*Système d'Uranus :* $x_n = 5,41 + 1,516^n$.			
	1,814	»		0		6,41	»	
V..........	2,530	2,53		1		6,926	»	
	3,759	»		2	Ariel.........	7,707	7,71	
I..........	5,867	5,91		3		8,895	»	
II	9,485	9,40		4	Umbriel......	10,689	10,75	
III.........	15,694	14,99		5		13,360	»	
IV.........	26,348	26,36		6	Titania......	17,54	17,63	
	44,63	»		7	Obéron	23,78	23,57	
	76,00	»		8		33,31	»	
	130,11	»		9		47,71	»	
VI–VII	222,21	160,4–164,4	29°–27°	10	D'après l'*Annuaire des Longitudes* de 1915			
VIII.......	380,75	329,3 (rétro)	148°	11	i = angle d'inclinaison de l'orbite sur			
IX.........	252,81	440 (?) (rétro)	158°	12	l'équateur.			

H. La correspondance entre les systèmes de la Terre et de Mars montre que ce dernier par sa faible masse n'a pu retenir un satellite à grande distance comme la Lune, mais que par contre Phobos et Deimos ont subsisté pour Mars, tandis que la puissante atmosphère primitive de la Terre a fait tomber sur elle ses satellites x_0, x_1, x_2, x_3.

VIII. — LOI DES DURÉES DE ROTATION DIRECTE (T EN HEURES) APPLICABLE AUX PLANÈTES, AUX SATELLITES, AU SOLEIL (3, 6, 12).

Une rotation est un phénomène de même ordre qu'une révolution. Les durées de révolution sont données par la troisième loi de Képler : il pouvait donc y avoir une loi des durées de rotation. Trouvée empiriquement en 1903, puis démontrée en 1906, elle est un exemple d'une formule empirique (1) perfectionnée par la théorie qui a permis d'y introduire l'aplatissement $1 : \alpha$ (2). Si R est le rayon d'un astre en rayons de la Terre, d sa densité par rapport à l'eau, a sa distance au centre du système en unités astronomiques, on a T en heures :

$$T = \frac{23{,}75\,R^{-\frac{1}{2{,}7}}}{\sqrt{a}} + \frac{0{,}61\,R}{\sqrt{d}}, \tag{1}$$

$$T = \frac{23{,}73\,R^{-\frac{1}{2{,}6}}}{\sqrt{a}} + \frac{0{,}59}{\sqrt{d}}\,R\left(1 - \frac{1}{\alpha}\right)^{-\frac{1}{2}}. \tag{2}$$

La formule (2) donne une précision beaucoup plus grande que (1) (*voir* le tableau).

Pour le Soleil, il faut procéder par intégration et dans le premier terme T_1 de (2), considérer a comme variable de zéro à R_0, distance moyenne de la matière solaire et R comme variable de zéro à R, rayon du Soleil. Si $R_0 = \beta R$, on a

$$T_1 = 495^h{,}14\,\beta^{-\frac{1}{2}}.$$

TABLEAU II.

Astres. (1)	T_1	+ T_2 =	T calculé.	T observé.	C — O.
	h	h	j h	j	
Soleil..........	$495{,}14\,\beta^{-\frac{1}{2}}$	+ 54,13 =	26. 1,87	T > 25	± o (a)
			29.18,32	T < 30	± o (b)

Planètes.

	h	h	h m	h m	
Mercure..........	55,89	+0,100 =	55.59,4	?	
Vénus............	28,26	+0,255 =	28.30,9	29 (?)	
Terre............	23,73	+0,2511 =	23.58,86	24.00	+1m
Mars.............	24,516	+0,160 =	24.40,56	24.39,6	+1m
Jupiter..........	4,1208	+5,810 =	9.55,85	9.55,6	+0,2
Saturne..........	13,2505	+6,996 =	10.14,79	10.14,4	+0,4

Satellites.

	T calculé.		C — O.
	j h	j h m	j h
Lune (2R = 3470 km)..................	31.6,6	29.12.44	+1.17,8
I (3800)..................	38.7	1.75 = T_0	(c).
II (3200)..................	24.3	3.55	(c).
III (5800)..................	15,5	7.15	(c).
IV (5300)..................	13,1	16.68	(c).
Titan (4370)..................	16.3	15.9	(c).
Triton (3600)..................	32.1	5.9	(c).

Observations. — (a) $\beta + 0{,}75$: soleil homogène; (b) $\beta\,(0{,}75)^2$: densité nulle à la surface, infinie au centre; (c) T_0 = temps de révolution.

Remarques. — A. Pour la première fois, de deux durées de rotation planétaire nécessaires pour déterminer les coefficients 23, 73 et 0,59, on déduit la durée de rotation solaire : d'où une nouvelle méthode pour obtenir par le coefficient β (*Essai*, p. 209) des notions sur la condensation interne du Soleil.

---

(1) Le principe de la démonstration de la loi des rotations est le suivant : La rotation de tout astre est due à la rotation propre de son noyau de masse *m* accélérée par la rotation apportée par la précipitation équatoriale de masse satellitaire *m'*; dans ce cas il est facile de montrer que chacun des termes T_1 et T_2 est proportionnel à chacune des masses *m* et *m'*. La forme du terme T_2 montre de suite que la masse *m'* est celle de satellites rasant l'équateur de l'astre, ce qui explique l'excès de vitesse des équateurs du Soleil, de Jupiter et de Saturne. La même théorie rend compte aussi du fait paradoxal que pour les planètes la vitesse de rotation augmente avec la masse.

B. La différence C — O pour la Lune montre l'action des marées pour rendre égales les durées de rotation et de révolution.

C. Sauf pour IV de Jupiter et Titan, il est douteux que pour les satellites les durées de rotation et de révolution coïncident.

D. La formule (2) montre que tous les astres de petit rayon (satellites, petites planètes) ont une faible rotation. Ainsi l'*intensité de la rotation croît avec la masse* comme cela est vrai pour les planètes; par suite Vénus ne peut avoir une longue durée de rotation (225ʲ ?).

IX. — LA STRUCTURE DE L'ANNEAU DES PETITES PLANÈTES ET LA LOI DES INCLINAISONS DES AXES PLANÉTAIRES (8; *Essai*, p. 131-134).

Après avoir trouvé empiriquement les deux lois précédentes j'ai fait une troisième recherche, indépendante de toute théorie, relative à la *structure de l'anneau des petites planètes.*

Leur existence à presque toutes les distances entre 2 et 4 pouvait être opposée à la réalité d'une loi des distances et, d'autre part, il fallait connaître quelle était la disposition géométrique de leurs masses correspondant à l'inclinaison d'axe des grosses planètes.

La loi des distances est une loi de distribution périodique où la période dépend du rang n : les *harmoniques* de cette période s'obtiendront (comme on l'a fait pour la loi de Balmer) en remplaçant n par $n+\frac{1}{p}$ et donnant à la fraction $\frac{1}{p}$ les valeurs les plus simples. Une recherche dirigée dans ce sens a montré qu'en effet l'anneau des petites planètes se divisait en ondes de matière dont le maximum correspondait à x_{10} avec deux maxima secondaires $\left(x_{10}\pm\frac{1}{4}\right)$, deux minima principaux $\left(x_{10}\pm\frac{1}{2}\right)$ et des minima secondaires $\left(x_{10}\pm\frac{1}{8}, x_{10}\pm\frac{3}{8}, x_{10}+\frac{5}{8}\right)$. Il se trouve que les distances calculées ainsi coïncident avec les *lacunes joviennes* $\left(\frac{1}{4}, \frac{2}{7}, \frac{1}{3}, \frac{3}{7}, \frac{3}{5}, \frac{2}{3}\right)$, mais avec un décalage en distance correspondant à l'excentricité $e=0,05$ des nappes (*e* de Jupiter = 0,048). Ainsi la distribution de matière de l'anneau des petites planètes est caractérisée par *une vibration et des harmoniques;* et cette notion de vibration sera étendue par la Cosmogonie tourbillonnaire à toutes les planètes et satellites résultant de la vibration par un choc d'un tourbillon cosmique.

En outre, la fonction cosmogonique des aphélies ressort de la recherche précédente, comme on la connaît déjà par les comètes périodiques et comme la montrent les distances calculées pour Mars et Cérès (1,694 et 2,939) qui correspondent sensiblement à leurs aphélies. Dès lors, la structure de l'anneau devait ressortir sur une *carte des aphélies* dressée dans un plan perpendiculaire à l'écliptique de telle manière que le rayon vecteur de chaque aphélie fasse avec ce plan l'angle *i* de l'inclinaison de l'orbite. Cette carte (8) donne des notions entièrement nouvelles sur la formation du système solaire.

Les aphélies V, C, J des trois principales petites planètes (Vesta, Cérès, Junon) sont équidistantes sur une ligne droite coupant l'écliptique à la distance 2 et faisant avec ce plan un angle de 30°. La densité des aphélies varie brusquement du simple au double quand on franchit cette ligne et qu'on se rapproche de l'écliptique. En arrière des points V, C, J il y a des alignements vides d'aphélies (semblables aux routes vides d'étoiles dans le Voie lactée) et faisant un angle de 14° avec l'axe de l'écliptique. Ainsi les masses relativement grandes de Vesta, Cérès, Junon, avant d'entrer dans leurs orbites par l'aphélie, ont absorbé la matière de la nébuleuse sur *une trajectoire oblique les rapprochant de l'écliptique.* Une traînée de cinq aphélies presque perpendiculaire à l'écliptique à la distance 4,6 aboutit à Thulé. On trouve de même ce fait nouveau que l'axe de Mars est jalonné par trois petites planètes (Éros, Adalberta, Hungaria) comme l'axe de Jupiter l'est par Nestor, Achille, Hector, Patrocle.

Ainsi *les traînées vides d'aphélies en arrière de* V, C, J, *de même que les traînées de petites planètes forment la structure géométrique corrélative de la direction d'axe des grosses planètes.* Les directions de ces traînées et des axes de Mars et de Jupiter sont concourantes en un point Q (figure du système solaire primitif) situé au-dessous de l'écliptique à la distance 8,6 sur la perpendiculaire à ce plan menée à la distance 4,9 (*voir* p. 20).

Distances au Soleil
1,5
2
2,5
3
3,5
4
4,5
5
Ecliptique
Mars
EROS
433
ADALBERTA
330
HUNGARIA
434
279
199
525
190
153
361
5°
10°
15°
20°
25°
30°
35°
Petites Planètes
Carte des Aphélies
e < 0,10
0,10 < e < 0,20
0,20 < e < 0,30
0,30 ≤ e
Fig. 3.

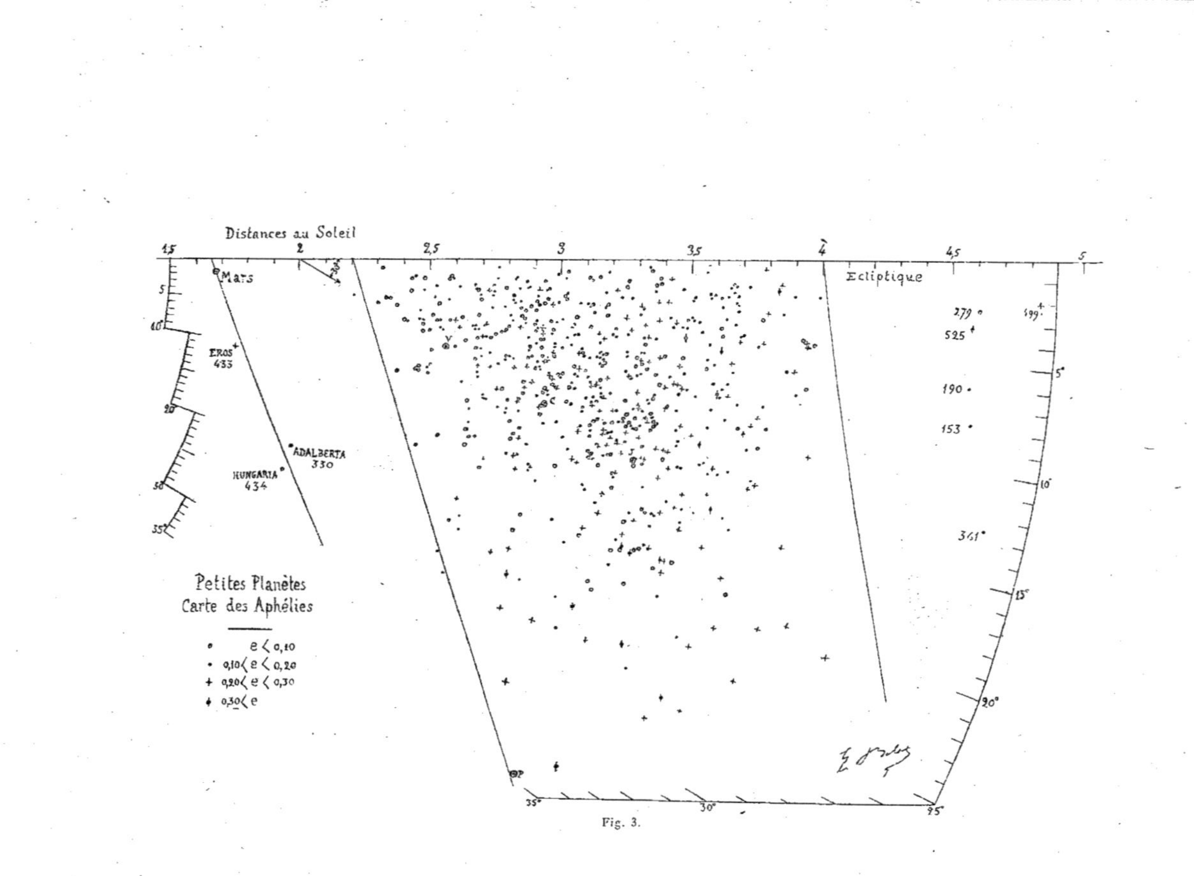

Si l'on joint ce point Q à Saturne et à la Terre, ces droites coïncident avec les axes de ces deux planètes. En joignant le même point au Soleil, on a la direction de translation du système solaire vers Véga, faisant un angle de 28° avec l'axe de l'écliptique. Dès 1911, j'avais prévu (1) que toute grosse planète serait suivie par un sillage de petites planètes : cette prévision fut confirmée par la découverte en 1920 de la petite planète Hidalgo (HZ 1920) dont l'aphélie est sur le prolongement de l'axe de Saturne sur notre carte (p. 20).

La notion capitale qui résulte de cette recherche est que les masses planétaires proviennent d'une direction divergeant beaucoup de l'écliptique, en un mot que *l'origine du système solaire a une relation nécessaire avec sa translation*, ainsi que le montre la vérification numérique de la loi des inclinaisons (tableau III) :

Tableau III. — *Loi des inclinaisons des axes planétaires.*

Planètes.	β calculé (1).	β réel actuel.	Observations.
	° ′	° ′	
Terre................	24.10	23.27	Varie de 21°59′ à 24°36′.
Mars................	21.14	22.55	Dernières mesures de Lowell.
150 petites planètes....	15.53	16.40	Astéroïdes les plus rapprochés du Soleil ; distance moyenne 2,428.
Jupiter..............	2	2. 8	
Saturne..............	28. 6	28. 6	

X. — LA PRESSION DE RADIATION DU PROTOSOLEIL, CAUSE DE LA FORMATION DES PETITES PLANÈTES ET DE LA LOI DES GRANDES MASSES.

Mais une particularité restait inexpliquée sur la carte des aphélies : la densité de celles-ci varie brusquement du simple au double quand, approchant de l'écliptique, on franchit la ligne VCJ qui joint les aphélies de Vesta, Cerès, et Junon, ligne qui coupe l'écliptique à la distance Z sous un angle de 30°, comme si la matière nébuleuse avait subi une discontinuité le long de cette ligne. Il fallait en outre expliquer la dispersion des petites planètes de part et d'autre de la distance 2,939 donnée par la loi des distances, et le fait que les petites planètes séparent le groupe des 4 planètes inférieures de faible masse ayant une grande densité (moyenne 5) du groupe des 4 grosses planètes de grande masse et de faible densité (moyenne 1). Aucun de ces faits n'avait jamais été expliqué parce qu'ils ne dépendent pas de la loi de Newton, mais de la *force répulsive de la pression de radiation du protosoleil* à l'origine de la Nova protosolaire.

On évalue à 24000° la température effective de la surface d'une brillante Nova, soit 4 fois plus que celle de la surface du Soleil. La surface apparente du protosoleil pour une planète dans l'écliptique était $30 \times 62 = 1860$ pour celle du Soleil; c'est-à-dire que la force répulsive du protosoleil était $4^4 \times 1860 = 470000$ fois celle du Soleil, force qui se doublait pour les poussières blanches et légères par rapport aux poussières noires et denses. Dès lors, en raison de la faible opacité des bords de la nébuleuse dont la densité moyenne était d'environ 10^{-14}, la force répulsive peu absorbée pouvait agir à grande distance, et agglomérer autour du sillage du protosoleil une gaine G (*fig.* 3 *bis*) de matériaux blancs et gazeux à l'intérieur de laquelle ne

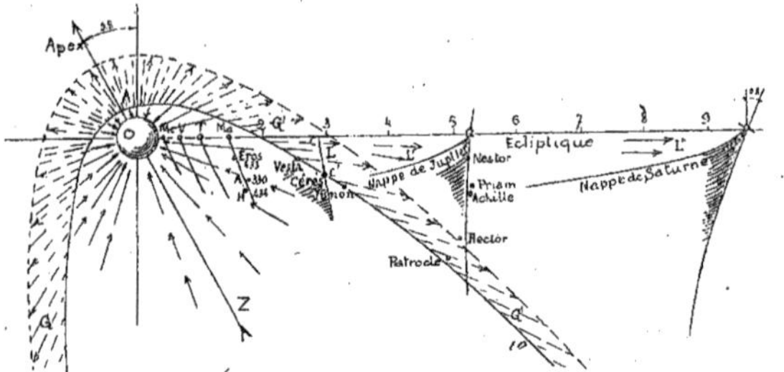

Fig. 3 *bis*.

pouvaient pénétrer que les poussières denses et noires obéissant encore à l'attraction malgré la force répulsive. La trace de cette gaine est la ligne VCJ sur la carte des aphélies. La nappe 10 heurtant cette gaine a été brisée : agissant comme résistance de milieu, cette gaine a réduit les grands axes des orbites les plus rapides : agissant par l'impulsion centrifuge des matières repoussées sur les orbites des planètes les plus légères, elle les a éloignées jusqu'à la distance 4. D'après cela, *les petites planètes sont d'autant plus denses qu'elles sont plus près du Soleil et plus près de l'écliptique* avec une densité comprise entre celle de Mars (3,83) et celle de Jupiter (1,36).

On comprend alors qu'une grande quantité de masse très légère (65 fois celle de la Terre) ait pu être repoussée jusqu'à Saturne et en abaisser la densité à 0,70 tandis qu'une plus grande quantité de masse (186 fois celle de la Terre) un peu plus dense n'ait été repoussée que jusqu'à la distance de Jupiter dont elle a suffi cependant à abaisser la densité à 1,36; or une planète en circulant dans la nébuleuse amasse une masse proportionnelle à sa vitesse tangentielle ωR, et capte les masses traversant son orbite radialement avec la vitesse $\omega R\sqrt{2}$. La densité de ces dernières peut varier comme $1 : R$ puisqu'en raison de la pression de radiation elles varient plus lentement que dans une nébuleuse sphérique gazeuse ($1 : R^2$). Finalement la masse condensée sur une orbite planétaire de rayon R sera

$$m = A\frac{\omega^2 R^2}{R} = A\omega^2 R = A\frac{Mf}{R^2}$$

puisque sur une orbite planétaire la force centrifuge égale l'attraction astrale.

Loi des masses (35). — Ainsi *les masses des grosses planètes et du Soleil varient en raison inverse du carré de la distance moyenne au centre*

$$m = 0{,}025842\frac{M}{R^2} = \frac{8616{,}7}{R_2} \qquad \text{R en } u_1 a_1.$$

	Soleil.	Jupiter.	Saturne.	Uranus.	Neptune.	$\frac{U+N}{2}$	Ultra-nept.	Observations.
R....	0,16074	5,2025	9,5547	19,218	30,109	»	62,44	R^1 rayon moyen de
m Obs..	333432	318,36	95,22	14,58	17,26	15,92	?	la matière solaire.
m Calc.	333432	318,36	94,39	23,33	9,50	16,41	2,24	$R_1^2 = 0{,}25842$

Le rayon moyen $R_1 = 0{,}16074$ trouvé pour celui de la masse solaire relie la loi des masses à la loi des distances qui a donné pour le rayon équatorial du protosoleil 0,29, ce qui correspond à un rayon moyen de matière voisin de 0,145.

La loi des masses montre qu'une partie de la masse en mouvement centripète destinée à Uranus a été captée par Neptune, ce que confirme la distance théorique de 33 réduite à 30. De même dans son expansion radiale l'anneau de la planète transneptunienne a dû avoir son rayon réduit de 62,44 à 56,2 : o. Pickering (Harvard obs^y circular 215, 1919), par les écarts de Neptune s'élevant déjà à 2″ par rapport aux tables de Newcomb a conclu à l'existence d'une planète transneptunienne de masse 2 à la distance 55, ce qui coïncide bien avec les valeurs 2,24 et 56,2 que donne notre Cosmogomie.

XI. — RECHERCHES SUR LE PROTOSOLEIL, L'INCLINAISON DE SON AXE ET CELUI DES ORBITES PLANÉTAIRES. LOI DE ROTATION DU SOLEIL.

Par raison de symétrie, l'axe du prososoleil n'aurait pu rester en coïncidence avec l'axe de l'écliptique comme à l'origine que si le choc sur la nébuleuse s'était produit sur son pôle Nord et non à 28° de distance angulaire. En effet sa rotation rapide en 57 jours lui donnait un fort applatissement que par diverses approximations de la théorie de Clairaut avec une densité interne variant comme 1 : R^2 j'ai trouvé compris entre 0,35 et 0,41. En remarquant que le protosoleil au cours de sa condensation a dû passer de la forme d'ellipsoïde aplati à celle de la sphère actuelle, j'ai calculé (36) la loi de rotation dans le cas d'une condensation suivant la loi des aires. On trouve une expression en e et $\sin^2\lambda$ dont les deux premiers termes sont ceux de la loi empirique de Faye (rotation d'après les taches). La valeur de e résulte de la comparaison des durées de rotation à l'équateur et à 30° de latitude T_e et T_{30} :

$$\left(\frac{T_e}{T_{30}}\right)^6 = \left(\frac{25,05}{26,49}\right)^6 = 1 - e, \qquad \text{d'où} \qquad e = 0,377.$$

Ainsi l'ellipsoïde du protosoleil avait un parallèle commun avec la sphère équivolume à la latitude de 30°; d'où il résulte que dans la condensation, la région équatoriale jusqu'à $\lambda = \pm 30°$ a été soumise à une hypothermie, tandis que les régions polaires dilatées vers la forme sphérique au delà de $\lambda = \pm 30°$ se sont refroidies par détente gazeuse. D'où une cause thermique de la formation des taches dans la région équatoriale. Mais le noyau dense du protosoleil mis en pulsation par le choc sur la nébuleuse a reçu finalement une enveloppe des matières légères d'abord repoussées par sa radiation et dont la surface externe est la photosphère.

Pour que le noyau solaire en pulsation se renfle alternativement à l'équateur et aux pôles, il faut que la matière de l'enveloppe photosphérique pendant la phase de rétrécissement de l'équateur descende des régions polaires vers l'équateur. Ces courants Nord-Sud rencontrant les couches rapides de la zone équatoriale produisent les taches et les font descendre à chaque cycle de $\lambda = 35°$ jusque près de l'équateur (39) (loi de Spörer). La durée de pulsation du protosoleil d'environ 5 jours comme dans les Novæ modernes s'est allongée par condensation de la masse nébuleuse rencontrée qui a augmenté la masse du protosoleil d'environ $\frac{1}{11}$ et en faisant passer la densité de 10^{-5} à 1,41 (densité du Soleil) a augmenté sa viscosité au point que la période de pulsation par cet amortissement ayant duré plus de 300 millions d'années a passé de 5 jours à 11, 2 ans.

Mais l'aplatissement du protosoleil a eu une autre conséquence que celle de lui donner une loi de rotation variable avec la latitude : il a fait basculer de 7° son axe OP coïncidant à l'origine avec celui de l'écliptique. En effet par suite de l'obliquité du choc de la nébuleuse dans une direction faisant un angle COP de 28° avec l'axe de rotation la résultante des pressions dues au choc sur la surface ellipsoïdale ACPB ne passait pas en O, mais tendait en R à faire basculer dans le sens direct autour de OO′ les couches externes du protosoleil. La composition des rotations directes OP et OO′ donne une rotation directe autour d'un axe dévié en OP′. Ainsi, à chaque pulsation, les nappes planétaires s'échappaient d'un équateur progressivement dévié de l'écliptique. Or l'inclinaison peu variable de l'orbite de Saturne sur celle de Jupiter est de 1°10′ : il y a eu 12 pulsations (d'après la loi des distances) entre l'émission de la nappe de Saturne et l'écliptique et ces 12 pulsations se sont progressivement amorties jusqu'à zéro. L'inclinaison de l'axe du Soleil sur celui de l'écliptique doit donc être

$$\frac{12 \times (1°10') + 0}{2} = 7°.$$

Un calcul semblable donnerait 3°30′ pour l'inclinaison de l'orbite de Vénus ($n = 7$) sur l'équateur solaire.

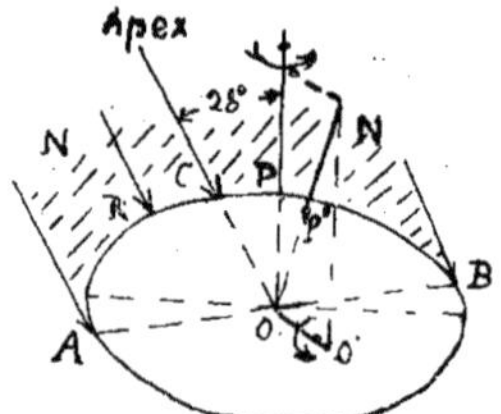

Fig. 4. — Bascule de 7° de l'axe du Soleil par la pression oblique R de la nébuleuse.

Ainsi s'expliquent avec leur valeur numérique les inclinaisons d'orbite et de l'équateur solaire dus à la même cause, le choc oblique du protosoleil sur la nébuleuse.

XII. — RECHERCHES SUR L'ORIGINE DE LA LUNE ET LES EXCENTRICITÉS D'ORBITE.

La loi des distances des satellites appliquée à la Terre montrait que la Lune n'est que son 5e satellite, les autres ayant disparu au cours des âges par précipitation sur notre planèse. Il y avait là une présomption que la Lune n'était pas sortie de la Terre à l'état de masse condensée pour parvenir en 56 millions d'années à sa distance actuelle suivant la théorie de Darwin. On pouvait prouver l'irréalité de cette théorie en démontrant que l'excentricité de l'orbite lunaire, peu variable, remonte à son origine. Figurons la nappe satellitaire N de la Lune à section circulaire montant dans la nébuleuse après avoir été émise par le tourbillon terrestre de direction TA.

La Lune, dont le plan d'orbite fait un angle de 5° avec l'écliptique TE, se forme en IL, en un tourbillon presque perpendiculaire à l'écliptique qui enroule sa nappe par l'action de la vitesse antagoniste V de la nébuleuse de telle sorte que l'axe du tourbillon (axe lunaire) est tangent à la méridienne de la nappe. Si le centre de gravité du tourbillon terrestre était resté en T_0 au-dessous de l'ecliptique, la Lune

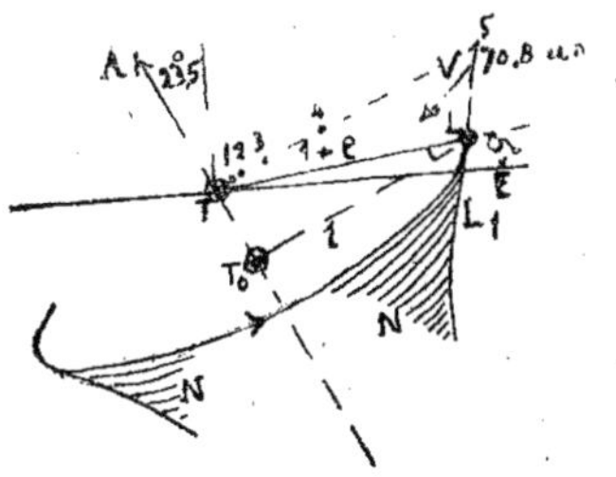

Fig. 5. — Formation de la Lune dans sa nappe II par l'antagonisme de la vitesse V.

aurait eu une orbite circulaire de rayon T_0L comme la nappe. Mais la masse T_0 avance jusqu'en T dans l'écliptique en sorte que TL est la distance apogée de la Lune. On a dans le triangle TLT_0 :

$$1 = (1 + e)\cos(23°27' - 5°), \qquad \text{d'où} \qquad e = 0,0542.$$

La valeur actuelle est $e_1 = 0,0549$ et les faibles variations séculaires de e s'obtiennent en faisant varier dans la formule précédente l'inclinaison de l'axe terrestre qui oscille de 21°59′ à 24°36′ (48).

La relation $[1 = (1 + e)\cos i]$ trouvée très exacte pour l'orbite lunaire est d'une application générale et donne avec assez de précision les excentricités des orbites de Hidalgo (HZ 1920) de VI de Jupiter et de Phébé. Mais d'autres causes d'excentricité interviennent : ainsi la pression de radiation qui repousse les aphélies de p. planètes — dont $i < 10°$ qui ont sans doute une faible densité, en sorte que certaines excentricités atteignent 0,30 et 0,38. Le calcul montre que les excentricités e_m d'orbite des grosses planètes ont commencé par être maxima et sont dues au fait que le protosoleil M a augmenté rapidement de masse dans sa traversée de la nébuleuse. Théoriquement $e_m = \frac{\Delta_m}{M}$. Nous avons trouvé $e_m = 0,0879$; Le Verrier a calculé 0,0866; Stockwell 0,0855.

XIII. — LES TRAJECTOIRES COSMIQUES DE LA COSMOGONIE TOURBILLONNAIRE. LES COMÈTES. LES ROTATIONS ET RÉVOLUTIONS RÉTROGRADES.

Les trajectoires en forme d'hélice évasée que décrivent dans la nébuleuse les molécules d'une nappe planétaire ont été obtenues sans faire intervenir ni la force centrifuge ni la gravitation comme dans la Mécanique newtonienne. Cette particularité paradoxale ne peut s'expliquer que si dans une nébuleuse où circulent des masses autour d'un centre d'attraction, il existe une infinité d'orbites spirales que j'ai appelées *à gravitation équilibrée* où en tout point l'attraction balance la force centrifuge. C'est ce que j'ai démontré en 1919 (27). La balistique cosmique dans un milieu résistant en laquelle notre cosmogonie dualiste transforme le problème cosmogonique résout de suite nombre de problèmes qui avaient embarrassé l'école de Laplace.

Le système planétaire est plan parce que toutes les masses des diverses nappes planétaires ont reçu du protosoleil la même vitesse de translation au même niveau de la nébuleuse avec un mouvement de révolution parallèle à l'Équateur du protosoleil dont l'orientation a peu varié.

Les comètes. — Dans la région de la nébuleuse non balayée par les

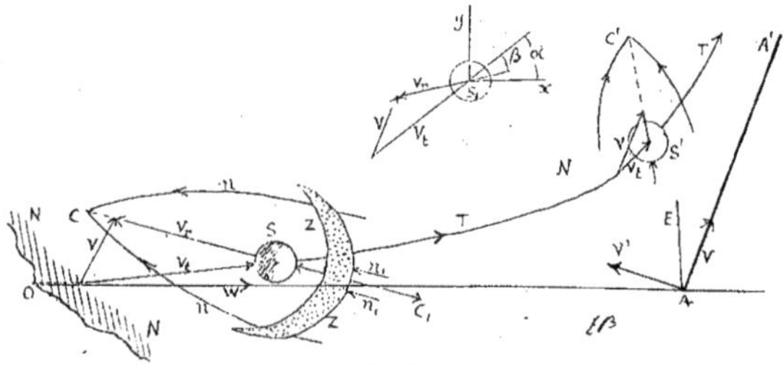

Fig. 6.

nappes planétaires quand celles-ci ont été condensées en planètes, les masses de la nébuleuse non captées par celles-ci ont convergé périodiquement à l'arrière de la trajectoire du protosoleil en des points coniques c, c' où leur rencontre produit des noyaux de condensation à vitesse réduite par la résistance du milieu. Ces noyaux ont des trajectoires paraboliques dont l'axe fait d'abord un angle de 28° avec celui de l'écliptique ; mais la trajectoire du protosoleil s'incurve par la vitesse transversale V de la nébuleuse et la vitesse relative dans la nébuleuse diminue en sorte que les axes des trajectoires occupent toutes les directions possibles par rapport à l'écliptique. Tels sont les *noyaux cométaires* et cette formation explique bien leur uniformité de composition chimique qui représente celle de la nébuleuse à l'exclusion de toute matière empruntée au protosoleil (voir *fig.* 1 et 6).

Rotations et révolutions rétrogrades. — Le mécanisme cosmique qui engendre les rotations et révolutions rétrogrades est aussi simple que celui, bien connu des ingénieurs, qu'on appelle en Mécanique appliquée un *différentiel*. La vitesse tangentielle V_t (1) des nappes entre un niveau de l'écliptique ou antagonisme avec la vitesse V_0 de la nébuleuse ; le sens des rotations et révolutions des noyaux tourbillonnaires que détermine cet antagonisme ne dépend que des vitesses relatives des V_t et de V_0 exactement comme un pignon satellite engrenant avec deux arcs dentés a son sens de rotation et de révolution déterminé par les vitesses de ces arcs. Soit en plan (*fig.* 7) l'écliptique de

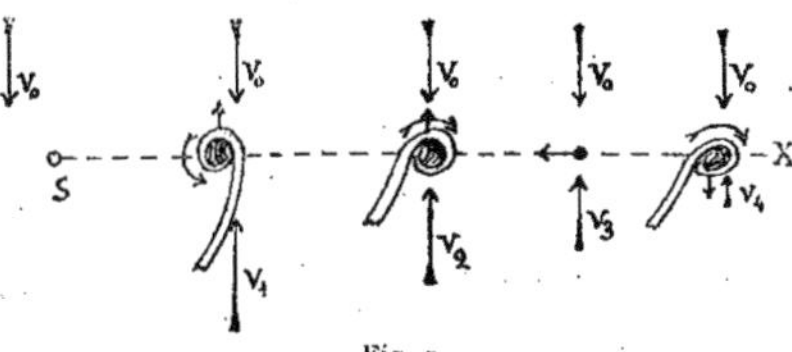

Fig. 7.

la figure 1 ; la composante V_0 de la translation de la nébuleuse est anta-

(1) Pour simplifier nous ne parlons ici que des vitesses ; il faudrait puisqu'il s'agit de chocs considérer les quantités de mouvement mV dans les nappes et la nébuleuse.

goniste le long de sx des vitesses tangentielles V_1, V_2, V_3, V_4 qui décroissent quand on s'éloigne du Soleil (ou du centre d'un système). Près du Soleil le ralentissement de V_4 par V_0 tend à faire tomber la nappe sur le Soleil ; mais l'attraction de la nappe et son refoulement par V_0 replie la tête de nappe sur elle-même (rotation de sens direct D) : au delà d'Uranus où les nappes se forment en tore-tourbillons rétrogrades, la révolution est encore directe parce que $V_t > V_0$. Plus loin on peut avoir $V_t = V_0$, la rotation et la vitesse de révolution tendent à être nulles et les masses à se précipiter vers le Soleil.

Des *comètes de l'écliptique* pourraient se former ainsi. Au delà $V_t < V$ les révolutions seront rétrogrades comme les rotations. Ainsi j'ai pu prévoir que les satellites extrêmes d'un système à rotations centrales directes ont toujours leur révolution rétrograde et que ceux d'un système à rotation centrale rétrograde (Uranus, Neptune) pourraient avoir leur révolution directe.

Il se pourrait aussi qu'une petite planète à forte excentricité ayant à l'aphélie une faible vitesse de sens direct à l'origine ait eu sa vitesse de révolution inversée au sens rétrograde par la composante V_0 que nous avons pu évaluer à 12^{km}.

XIV. — NOTIONS NOUVELLES SUR LA DURÉE DE FORMATION ET L'ANCIENNETÉ DES PLANÈTES ET DU SOLEIL (46).

D'après ce qui précède, le Soleil à l'état d'étoile géante rouge à faible densité (10^{-3}) préexistait sans doute depuis des centaines de millions d'années aux planètes qu'il a formées toutes ensemble dans sa phase de Nova par la rencontre de la spire interne nébuleuse de notre nébuleuse spirale qui a eu lieu pendant que le protosoleil descendait des confins de la Voie lactée vers son centre. On sait que les Novæ atteignent en quelques heures leur maximum d'éclat : à la vitesse de 2000^{km} par seconde constatée dans la Nova de l'Aigle le protosoleil aurait pénétré entièrement dans la nébuleuse en moins de 12 heures. La durée de pulsation des Novæ de Persée et de l'Aigle a varié au début de 3 à 9 jours.

Pour parcourir la distance $\lambda = 6,28$ u. a. séparant dans la nébuleuse deux positions consécutives de pulsation du protosoleil, il lui aurait suffi à la vitesse de 2000^{km} par seconde de 5^{j},4. Mais cette période de pulsation T s'allonge vite, comme nous l'avons vu, par la charge de matière *non pulsante* que reçoit de la nébuleuse le protosoleil, exactement comme une masse inerte augmente la durée de vibration d'un ressort qui en est chargé. De même d'après Stanley Williams la période de la Nova de Persée est 55 jours, 27 ans après son apparition. Assimilant le protosoleil à une Céphéide, on trouve d'après sa densité et la table de Shapley que T = 39 jours pour le protosoleil arrivant dans l'écliptique, ce qui correspond à une vitesse de 275^{km}. D'autre part, pour que la vitesse de la Terre (30^{km}) sur son orbite n'ait pas influé sur la vitesse relative de sa translation à travers la nébuleuse qui a déterminé le phénomène du déluge austral primitif (voir plus loin) il faut aussi que la vitesse de translation des planètes à travers la nébuleuse ait été alors de l'ordre de 300^{km} par seconde.

Toute notre cosmogonie dualiste démontre donc que toutes les planètes sont contemporaines et que leur formation n'a nécessité que quelques années : si Jupiter et Saturne ont une faible densité ce n'est pas parce qu'elles n'ont pas eu le temps de se condenser, mais parce qu'elles ont reçu dès l'origine une masse de matériaux légers sélectionnés dans la nébuleuse par la pression de radiation.

La Terre ayant eu rapidement sa croûte consolidée au-dessous de 1100° a continué pendant des siècles à traverser à vitesse réduite la nébuleuse et à en recevoir les matériaux qui ne pouvaient traverser la croûte *quelle que fût leur densité*. Ainsi donc si la nébuleuse contenait des poussières radioactives, elles pouvaient, captées par la Terre, rester confinées dans la croûte superficielle, comme Joly et Holmes l'ont démontré en calculant que, si la Terre avait à plus de 16^{km} de profondeur des masses radioactives à la même teneur que dans le granit, elle se réchaufferait. Ainsi quand on calcule l'âge de la Terre par la méthode radioactive et qu'on trouve des durées de l'ordre de 1500 millions d'années, on mesure ainsi l'âge de la nébuleuse et non celui de notre planète. Cette conclusion est confirmée depuis que l'on sait par les belles recherches de Mme Maracineanu sous les auspices de Deslandres que les radiations solaires radioactivent sélectivement certains éléments comme le plomb. Les radiations intenses du protosoleil devaient avoir une action radioactivante beaucoup plus puissante que celle du Soleil ([1]).

Ainsi rien ne s'oppose à admettre la durée T = 330 millions d'années que les méthodes indépendantes (46) nous ont donnée pour l'âge de la Terre et des planètes, très différent de celui du protosoleil qui peut se chiffrer par milliards d'années.

XV. — COSMOGONIE SIDÉRALE DUALISTE.

Dans l'étude qui précède, bien des questions de Cosmogonie sidérales ont déjà été résolues puisque la théorie des *Novæ* et des *nébuleuses spirales* ont été établies. En généralisant l'hypothèse d'un choc *d'une étoile gazeuse* sur une nébuleuse, on est amené à considérer le choc d'un *courant d'étoiles* sur une nébuleuse (37). Le calcul montre que les étoiles d'un courant arrivent par la résistance de la nébuleuse à se rapprocher les unes des autres au point de pouvoir se capter (formation d'etoiles doubles et multiples) : en général le courant d'étoiles ainsi augmenté en densité stellaire s'incurvera par la vitesse de la nébuleuse en sorte que l'ensemble aura tendance à tourner autour d'un axe perpendiculaire au plan des deux vitesses du courant et de la nébuleuse. L'attraction mutuelle des étoiles déjà rapprochées les unes des autres contribuera à former *l'amas d'étoiles*. Il est visible que la formation des amas aux dépens d'un même courant sera discontinue. En outre, toutes les étoiles d'un amas ayant subi un choc semblable, on comprend qu'il existe des amas où les étoiles ont des pulsations nombreuses et voisines tandis que d'autres amas ne paraissent pas contenir de Céphéides.

Une autre conséquence de l'action des nébuleuses sur les étoiles qui les rencontrent est la suivante : si deux étoiles de même masse, mais de vitesses différentes, rencontrent la même nébuleuse, celle qui aura la moindre vitesse prendra plus de matière à la nébuleuse et y restera

([1]) Dans les minéraux contenant de l'uranium du thorium, et du plomb, les radiations prolongées des deux premiers éléments sur le plomb doivent le radioactiver comme les radiations solaires, d'où nécessité d'introduire le plomb au dénominateur de la formule usuelle qui donne T, ce qui réduit beaucoup cette durée.

plus longtemps. Ainsi à la sortie de la nébuleuse, l'étoile de faible vitesse aura plus de masse que l'autre. En un mot les nébuleuses constituent des filtres sélecteurs des étoiles dans le sens où *l'augmentation de masse coïncide avec la diminution de vitesse* comme si l'équipartition de l'énergie selon Maxwell (mV^2 constante) tendait à se réaliser. On

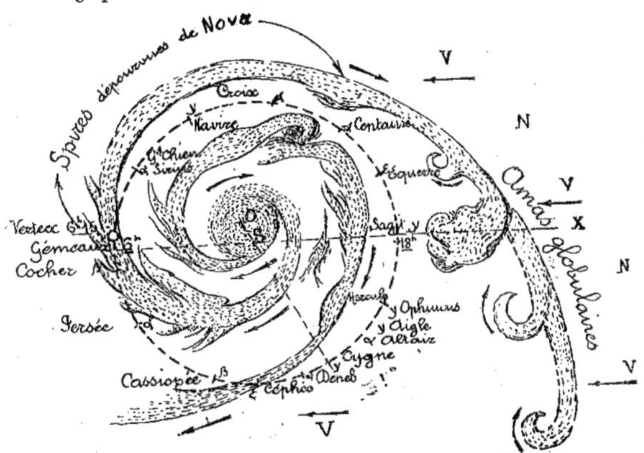

Fig. 8. — Assimilation de la Voie lactée en plan à la nébuleuse des Chiens de Chasse.

comprend alors le phénomène de Campbell (vitesses radiales passant de 9 à 16km en passant des types spectraux O et B au type M) : car une étoile restant longtemps dans une nébuleuse y recueille les masses légères d'abord repoussées par sa radiation, tandis qu'une étoile ayant une grande vitesse ne recueillera que les matériaux lourds tendant à accélérer son évolution en augmentant sa densité.

La théorie des nébuleuses spirales permettait enfin de rendre compte du fait singulier que *les amas ont une formation unilatérale* dans la Voie lactée. Si celle-ci est formée par la rencontre équatoriale de son noyau avec une nébuleuse V venue de la direction du Sagittaire, quand la spire extérieure de notre nébuleuse spirale aura sa vitesse à peu près en sens contraire de celle de la nébuleuse, ce conflit amènera la formation d'amas d'après la théorie précédente. Il est évident que ces amas resteront longtemps voisins de la direction du Sagittaire. En un mot, *les amas sont les planètes de la Voie lactée;* comme celles-ci se forment d'un même côté OX du centre, là où la vitesse tangentielle est antagoniste à la vitesse de la nébuleuse solaire, de même et pour la même raison les *amas ont une formation unilatérale*, de même que dans la nébuleuse des Chiens de Chasse la nébuleuse secondaire terminant l'une des spires est seulement d'un côté du noyau (*fig.* 8).

Enfin j'ai pu assimiler la Voie lactée à cette nébuleuse spirale et expliquer les deux courants de Kaptein (30). Il suffit de placer le Soleil S dans le noyau de la Voie lactée de manière à voir son centre O dans la direction du Navire (centre de Charlier) : alors la direction de la nébuleuse secondaire des Chiens de Chasse coïncide avec celle du Sagittaire, centre des amas.

Les courants de Kaptein sont alors celui des étoiles faisant partie du noyau et que nous voyons se diriger vers les Gémeaux, tandis que l'autre courant divergeant dont fait partie le Soleil est constitué par les étoiles ayant contourné le noyau en sens inverse après être descendu vers lui sur des orbites quasi cométaires. Si la vitesse du Soleil (20^{km}) est due à l'attraction parabolique du noyau, les étoiles de l'autre courant sur des orbites circulaires ont une vitesse moyenne de 14^{km}, la vitesse relative des deux courants est donc d'environ 34^{km}, comme on l'a constaté.

XVI. — RÉSULTATS OBTENUS EN GÉOGÉNIE ET GÉOPHYSIQUE (2).

Le premier de tous les déluges est tombé sur l'Antarctide, ainsi que les pluies de sels haloïdes (50, 51). — La Cosmogonie tourbillonnaire m'a révélé que, pour toute planète, la direction de translation dans la nébuleuse originelle a été celle de son axe de rotation et dans le sens nord de cet axe; il en résulte que, par réaction de frottement de la nébuleuse sur l'atmosphère primitive de la Terre, des mouvements de circulation toroïdale s'y sont produits amenant les *couches externes* du Nord vers le Sud et les *couches basses* du Sud vers le Nord. La pression du *vent de la nébuleuse* déprimait la région boréale (océan Arctique) et surélevait en pointe la région australe qui formait la partie arrière du projectile terrestre (Antarctide). En outre, la rotation du noyau était plus enrayée sur l'hémisphère nord que sur l'autre; d'où *torsion vers l'Est* de tous les soubassements profonds des continents austraux par rapport aux continents boréaux. J'ai reproduit ces effets sur une sphère plastique.

La circulation Nord-Sud des couches externes fait que la température minima à tout instant est toujours au-dessus de l'Antarctide : dès que la température y sera tombée entre 800° et 700°, *les sels haloïdes* (sels alcalins de la mer) primitivement en vapeur *se précipiteront en pluies* avant qu'il y ait trace d'eau sur la Terre.

De même la température tombera au-dessous de 365° (température critique de l'eau) d'abord sur l'Antarctide.

Ce *déluge austral primitif* a dû être un cataclysme formidable; car les 3600^{m} de hauteur moyenne des océans actuels étaient au-dessus de 365° en vapeurs dans l'atmosphère qui exerçait sur le noyau une pression de 330^{atm} (y compris les gaz). La pression critique de l'eau étant seulement de 194^{atm}, il dut tomber en une fois et rapidement toute l'eau qui constitue une différence de pression $330 - 194 = 136^{atm}$, soit 1600^{m} de hauteur sur la surface actuelle des océans. C'est ce que j'ai appelé le *déluge critique*.

Il restait à tomber plus lentement de 365° à 100°, au cours des périodes suivantes, *le déluge normal* qui a achevé de remplir sur 2000^{m} de hauteur les bassins océaniques.

D'après ce qui précède, l'eau du déluge critique s'étant emparée des sels haloïdes a eu une salure initiale plus de deux fois plus grande que la salure actuelle des mers. Le déluge normal ultérieur a dilué cette salure; mais les premiers sédiments ont été imprégnés d'eau fortement salée.

Conséquences statiques et dynamiques du déluge austral primitif (35). — *Le déluge critique*, par son instantanéité et la violence des courants marins issus du Sud qu'il a provoqués, a été l'agent principal de la sculpture de l'écorce terrestre (*fig.* 9).

Le déluge normal ultérieur, plus lent, achevant sur 2000^{m} de hauteur le remplissage des bassins creusés par le déluge critique, ne peut guère modifier l'architecture profonde de l'écorce déjà plus consolidée. C'est donc à 2000^{m} de profondeur qu'il faudra chercher les lois de l'architecture terrestre : c'est dans ces 2000^{m} à partir de la surface des mers que se passeront les événements géologiques (transgressions et régressions marines, etc.) ne pouvant par suite guère modifier la structure profonde de l'écorce.

L'eau arrivant sur le noyau par le pôle austral crée une surcharge dissymétrique obligeant, *par équilibre statique autour du centre de gravité de la Terre*, la croûte boréale à se soulever d'une hauteur correspondant au poids du déluge austral (environ 2000^{m} par rapport au niveau de base fondamental du noyau anhydre primitif situé vers — 2500^{m}). Mais comme toute masse mobile tombant à partir d'une pointe (Antarctide) où elle est en équilibre instable, il y aura une direction où l'eau ayant commencé à couler continuera à accélérer son mouvement vers le Nord. De là la dissymétrie du Pacifique (35) et par compensation hydrostatique, la surrection du *bouclier continental* que j'ai ainsi nommé parce qu'il comprend les trois boucliers archéens : j'en ai déterminé le pôle situé à Pétrograd (et non au pôle); il a pour rayon selui de la Terre. Sa surface égale au quart de la surface terrestre contient 71 pour 100 de continents.

L'action dynamique des courants océaniques venant du Sud se superpose à leur action statique : ils érodent la croûte anhydre primitive de la région australe, et en transportent les sédiments et alluvions dans l'hémisphère nord surélevant par des matiàres légères et abondamment salées les soubassements des continents primitifs boréaux.

Les fonds sous-marins érodés dépouillés de leurs matériaux légers n'ont plus ainsi sur leur surface à nu dans les profondeurs au-dessous de 2000^{m} que des couches denses, plus ferrugineuses (8 à 9 pour 100 de fer) que les continents (5,4 pour 100). C'est par ce mécanisme très simple que les fonds sous-marins sont stables sous les océans, tandis qu'émergent les continents : ce même mécanisme explique comment *la surface de compensation isostatique* est, d'après Hayford, vers 100^{km} de profondeur. Mais pour que les racines profondes des continents soient à cette profondeur, il faut que le décapage des fonds sous-marins primitifs aient atteint au moins le niveau — 35^{km}. Cela s'explique parfaitement par le fait que le noyau anhydre étant à haute température a, par le brassage diluvien, fait évaporer au moins 30 fois la masse entière des océans, ce qui équivaut à un déluge total de $30 \times 3^{km} = 90^{km}$ d'épaisseur sur toute la surface terrestre.

Les fonds océaniques sont les premiers refroidis et les plus ferrugineux : il y aura donc dissymétrie du magnétisme terrestre en relation avec la dissymétrie des océans profonds.

Les lois de l'architecture terrestre au niveau — 2000^m. Loi des antipodes, lois de distribution des continents et des mers. — L'équilibre statique autour du centre de la Terre nécessité par l'arrivée australe de l'eau explique de suite la loi des antipodes : *Sauf* 4, 5 *pour* 100 *d'exceptions, tout continent a pour antipode une mer.*

Le régime permanent des vitesses dans les courants océaniques Sud-Nord détermine les deux lois dynamiques de l'architecture terrestre que j'ai énoncées comme suit :

Première loi. — *Au niveau* — 2000^m *dans l'hémisphère austral, la largeur des océans est constante mesurée sur chaque parallèle depuis le parallèle* 50° *Sud jusqu'à l'équateur.*

Deuxième loi. — *Au niveau* — 2000^m *dans l'hémisphère boréal, la largeur des continents est constante mesurée sur chaque parallèle depuis l'équateur jusqu'à la latitude* 70°.

La latitude 50° Sud est la moyenne des latitudes des pointes continentales : elle est liée à la latitude du détroit de Behring 69°4′ par les relations que donnent les lois précédentes :

$$\frac{\rho_1}{2\pi} = (1 - \cos 50) = \cos 69°4'.$$

Sur la figure ci-après est indiquée sur chaque parallèle par des traits pleins la proportion des continents et par un pointillé la proportion des mers. Dans l'hémisphère Nord la seconde loi (figurée par l'arc de cercle E_1C_1) est un peu différente de la réalité (courbe $E_1B'C_1$) parce que la masse plastique des sédiments continentaux poussée du Sud s'est écrasée sur elle-même en s'élargissant au fur et à mesure que se rétrécissaient les parallèles vers le Nord.

La proportion M des mers sur un parallèle de l'hémisphère Nord-Est donnée très exactement par la formule simple

$$M = \cos\lambda - \cos 69^\circ 4' \qquad (\lambda \text{ latitude})$$

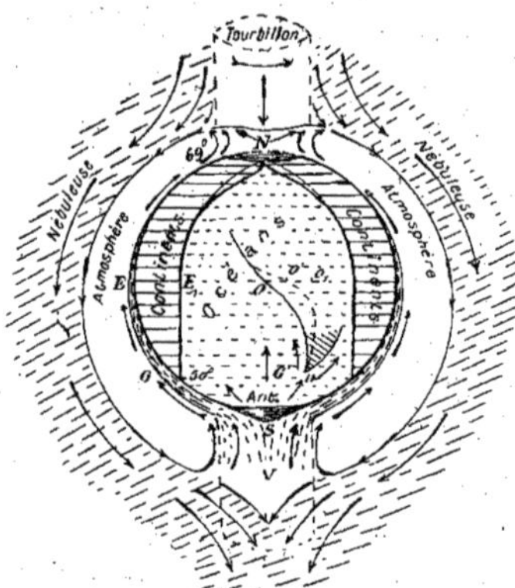

Fig. 9. — Schéma de la circulation toroïdale dans l'atmosphère primitive ayant produit le déluge austral qui a sculpté le noyau et réalisé la distribution des mers profondes et des continents.

qui suppose la proportion des mers (donnée à chaque latitude par la deuxième loi) diminuée dans le rapport cos λ par l'élargissement continental.

La loi d'équilibre statique de l'eau et des masses continentales autour du centre de gravité qui donne lieu à la surface à la loi des antipodes, exige que cet équilibre ait lieu sur le niveau de base — 2520m où se trouvait la surface anhydre primitive du noyau terrestre. On a bien en effet

$$2,7(2520 + 700) \times 0,3 = 3600 \times 1,03 \times 0,7$$

(700m étant la hauteur moyenne des continents et 3600m la profondeur moyenne des mers). Ainsi :

Pour édifier les continents au-dessus du niveau primitif du noyau, les océans ont érodé et fait surgir un poids de l'écorce égal à leur propre poids.

Enfin *les continents et presqu'îles seront en pointe vers le Sud*, parce que dans un courant Sud-Nord transportant des sédiments, si un dépôt ou môle se forme en H, il divise le liquide en deux courants formant un V ouvert vers l'équateur entre les branches duquel se déposeront les sédiments parce que la vitesse y est réduite.

On voit combien la structure de la Terre est simple et devient claire quand on introduit en Géogénie la notion féconde du déluge austral primitif.

Le problème orogénique. La tectonique externe et la tectonique interne (52, 59). — L'écorce terrestre est un solide déformable compris entre deux fluides, l'eau de mer et le magma fondu. Tout changement de densité ou de hauteur de l'eau de mer, tout mouvement tangentiel du magma fondu correspondra à la formation de montagnes.

J'ai exposé une théorie hydrostatique de la formation des montagnes correspondant à la *tectonique externe :* on comprend que ses effets principaux se produisent en bordure des océans profonds. Car si la mer primitive chargée de sels et de sédiments devient moins dense, le fond sous-marin déchargé montera, mais près des rivages, grâce à la rigidité de l'écorce, soulèvera la côte. Le poids de celle-ci sur le fond marin voisin empêchera son soulèvement aussi complet qu'au large du continent. Par là s'explique que *les montagnes et les grands fonds sous-marins soient en bordure des continents.* J'ai reproduit ces divers effets par une expérience au moyen de paraffine fondue surmontée d'une pellicule qui est chargée et déchargée alternativement.

C'est la Cosmogonie tourbillonnaire qui m'a mis sur la voie de la *tectonique interne* en m'apprenant que quatre zones de satellites terrestres au-dessous de la distance de la Lune avaient dû se précipiter sur la Terre au cours des périodes géologiques. L'approche puis la précipitation de ces anneaux satellitaires, en augmentant la vitesse de rotation de la Terre, a déterminé un appel de magma fondu immédiatement situé sous la croûte et qui s'est dirigé des régions boréales vers l'équateur pour remplir le renflement équatorial.

Dans cette descente vers l'équateur le fluide igné rencontre des barrages (géosynclinaux correspondant à une saillie interne, môles antérieurement consolidés à racines profondes) qu'il crève (fleuves ignés), qu'il soulève, ou qu'il contourne. De là les effondrements à direction subméridienne, les soulèvements des géosynclinaux, les entraînements vers le Sud des masses surimposées, ce qui détermine les formes d'arcs montagneux à convexité vers l'équateur (Asie). Les plis se formeront donc dans la profondeur de l'écorce, comme la Géologie l'a démontré. Il y aura, au cours des âges, séparées par des époques de repos orogénique, quatre périodes de soulèvement montagneux (huroniens, calédoniens, hercyniens, alpins) parce qu'il y a eu quatre zones de matière satellitaire se précipitant à l'équateur.

Dans des expériences avec ou sans la collaboration avec M. Gorceix (62, 63), j'ai réalisé tous les genres de plissements ou soulèvements orogéniques par circulation des matières internes (sable ou argile).

Le magnétisme terrestre (54, 58). — C'est encore la Cosmogonie tourbillonnaire qui m'a permis de donner une théorie entièrement nouvelle du magnétisme terrestre.

Le protosoleil qui, à l'extrémité d'un rayon équatorial immense (43,6 millions de kilomètres), avait une vitesse tangentielle de 57^{km}, voisine de celle de Mercure, s'est électrisé positivement par le choc de la Nova primitive sur la nébuleuse, celle-ci recevant les électrons négatifs. Le protosoleil était donc équivalent à un solénoïde ayant son pôle magnétique Nord dans la direction du pôle Nord de l'écliptique. Dans le noyau terrestre rapidement condensé et refroidi par le déluge austral au-dessous du point de transformation du fer, ce solénoïde a induit un pôle magnétique Nord qui à l'origine était à chaque instant sur le cercle polaire austral, et qui, par suite de la rotation terrestre, a donné une résultante placée plus près du pôle Sud que le cercle polaire austral : c'est bien le sens du magnétisme révélé par la boussole et la position du pôle magnétique Sud.

Mais parce que le décapage diluvien a laissé dans le fond des océans les matières denses contenant 8 à 9 pour 100 de fer, alors que les matières légères (5,5 pour 100 de fer) étaient empilées dans des soubassements continentaux, l'intensité du ferro-magnétisme s'est trouvée systématiquement plus grande sous les mers que sur les terres : on comprend dès lors que dans l'expérience de la sphère du magnétarium du Dr Wilde il faille couvrir les océans de tôles de fer pour reproduire les courbes du magnétisme terrestre.

Ainsi *le magnétisme terrestre doit être considéré comme un ferromagnétisme de masses fixes* (comme le croyait Gauss) *auquel se superpose un magnétisme variable et peu intense dû à l'action solaire et produisant la variation séculaire par des courants telluriques.*

Appliquant cette théorie, j'ai mis en œuvre les courbes de variation séculaire de la déclinaison publiées récemment par l'Institut Carnegie du magnétisme terrestre pour tracer provisoirement par ses tangentes la courbe décrite par le pôle magnétique Nord depuis 1541.

Cette courbe est tout entière du côté du Pacifique par rapport au pôle nord dont le pôle magnétique ne fait pas le tour comme on le croyait. En la traçant on trouve qu'en chaque station existe une *anomalie* (angle de la direction de l'aiguille aimantée avec le grand cercle passant par le pôle magnétique) qui s'explique de suite par la direction des océans agissant comme un barreau aimanté au voisinage de chaque station.

Le volcanisme expérimental. Nouvelle théorie du volcanisme naturel (55, 57, 64). — Aucune de mes recherches n'a nécessité autant que celle-ci la mise en œuvre de toutes les notions qu'un ingénieur acquiert dans la pratique de la Physique industrielle et de la conduite des chaudières.

Le volcanisme exige deux conditions réunies : fracture de l'écorce, et voisinage de l'eau qui pénètre par la fracture jusque dans les profondeurs où elle se vaporise. La statistique montre que le volcanisme est presque en totalité limité aux îles et aux côtes à moins de 200km de la mer. Cette distance de 200km est-elle un obstacle à la pénétration de l'eau ou de la vapeur ? Non, puisque l'eau des puits artésiens de Paris vient d'une distance de 200km. Que devient l'eau vaporisée sous pression au fond d'une fracture sous-marine ? La vapeur chassera-t-elle l'eau de la fracture comme on le supposait ? Aucunement : car dans aucune chaudière le chemin suivi par l'eau pour aller se vaporiser n'est le même que suit la vapeur pour s'éloigner du point où elle se vaporise.

La vapeur suit les surfaces isothermes. — En bordure d'une côte très inclinée vers la mer, les surfaces isothermes internes remontent toutes vers le continent : la vapeur sur la surface isogéotherme de 365° (température critique de l'eau) remontera vers la région continentale où le volcanisme par les fissures apparaîtra d'abord en vapeurs. Comment ces vapeurs remontent-elles de la lave située d'abord à une profondeur correspondant à l'isotherme de 1100°? Par un phénomène d'émulsion qui fait qu'une colonne mixte de lave et de vapeur n'exerce pas, à beaucoup près, à sa base une pression marquée par la hauteur dont la lave est remontée : par un phénomène semblable (émulsion d'eau chaude et de vapeur), on remonte les eaux de condensation d'une chaudière à 10^{m} de haut avec une pression de vapeur de $0^{atm},1$.

Cette théorie pouvait recevoir la sanction de l'expérience. J'ai réalisé un ***bassin de volcanisme expérimental*** dont le fond incliné et chauffé représente la surface isotherme de vaporisation et qui contient de l'eau et du sable aggloméré en forme de continent dans la partie où le fond est le plus haut.

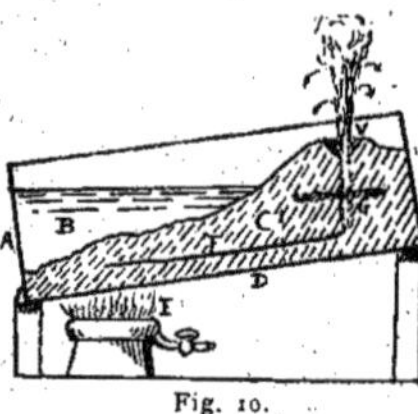

Fig. 10.

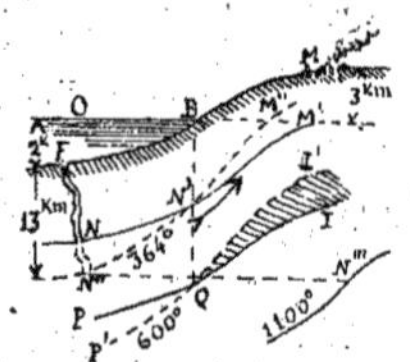

Fig. 11.

Avec cet appareil très simple je suis arrivé à reproduire des cratères continentaux ou sous-marins avec cheminées volcaniques, bombes, enceintes multiples, raz de marée, lacs cratériques, etc. Les films pris de ces expériences par la maison Gaumont reproduisent beaucoup de phénomènes cinématographiés dans la région volcanique de la Nouvelle-Zélande.

J'ai donné au Muséum d'histoire naturelle ma collection de volcans expérimentaux, ainsi que les appareils propres à les reproduire.

Les paroxymes volcaniques. — Comment un volcan alimenté souterrainement par l'eau de mer peut-il cesser de fonctionner? Par les sels de la mer qui obstruent les conduits comme les sels calcaires bouchent les tubes d'une chaudière. Mais une différence capitale existe entre ces deux genres de sels : les sels haloïdes peuvent fondre et se volatiser entre 700° et 800°. Les couches internes, ayant cessé d'être refroidies par l'afflux de l'eau marine au moment où les conduits se bouchent, pourront se réchauffer peu à peu jusqu'à 700° : alors les sels fondent, les conduits seront débouchés et le volcanisme recommencera précisément par des vapeurs chlorurées sèches comme on le constate. Voilà le mécanisme très simple des éruptions qui commencent, puis cessent d'être en action pendant des années. A l'inverse de ce qui se passe près de la mer, tout volcan situé dans l'intérieur d'un continent (Asie), et pouvant être alimenté par une nappe d'eau douce sans communication avec la mer, finira par avoir ses conduits obstrués par les sels calcaires (bien plus abondants dans l'eau douce que dans la mer) non volatils, et le volcanisme ne pourra reprendre que par la production de nouvelles fractures, ce qui explique la rareté des volcans continentaux.

Le fait qu'aucune vapeur d'eau n'est émise dans certaines éruptions ne prouve rien contre notre théorie hydrique; car la vapeur d'eau rencontrant en profondeur des pyrites, carbures, carbonates, etc., se décompose, et ne laisse libres que les hydrogènes sulfurés, carbonés, acide carbonique, gaz ordinaires des éruptions.

Lois générales de la volcanicité. — Des principes de notre théorie marine du volcanisme, on déduit les lois générales : *La volcanicité est proportionnelle à la raideur des versants le long des côtes et à la convexité des versants vers la mer.* La première partie est l'analogue de la loi de Montessus de Ballore pour la sismicité, et la seconde partie explique que toutes les îles en pleine mer soient volcaniques : car les surfaces isogéothermes internes, par leur convexité vers la mer, affectent une forme conique qui concentre les vapeurs et gaz sous pression vers leur sommet, comme elles monteraient vers le sommet d'un alambic.

Mais avant d'être en vapeur ou dissociée en gaz divers, l'eau marine par les fractures de la croûte doit d'abord descendre par gravité vers le continent : *il faut* donc *qu'au large des côtes les couches sous-marines soient en pente vers le continent.* C'est bien là ce qui différencie les côtes du type Pacifique bordées de fosses profondes, et celles du type Atlantique bordées de fonds sous-marins en pente continue vers le large ; les premières très sismiques et volcaniques, les secondes sans séismes ni volcans. Les terrasses marines élevées sur la côte du Pacifique de l'Amérique du Sud, et les pentes générales des continents austraux montrent que l'Afrique et l'Amérique australes ont basculé vers l'Atlantique comme si le trop plein du Pacifique s'était déversé dans l'Atlantique, lui imposant une surcharge d'eau qui explique le plissement en géanticlinal médian du fond atlantique (65).

XVII. — CONCLUSIONS GÉNÉRALES. UNE SCIENCE NOUVELLE : L'ASTRONOMIE COSMOGONIQUE. SES PREUVES : LES FAITS QU'ELLE A PRÉDITS, LE PLAN DE RECHERCHES QU'ELLE PROPOSE A LA PENSÉE ASTRONOMIQUE.

Comment l'évolution de la Cosmogonie dualiste a fondé l'Astronomie cosmogonique. — Jusqu'ici les astronomes n'ont tenté que des recherches partielles de cosmogonie, chacun imaginant *a priori* un postulat destiné à expliquer un fait cosmique isolé. Il était peu probable qu'on pût tirer de là un système cohérent expliquant les phénomènes si variés de l'Univers, pas plus qu'on ne peut comprendre un organisme vivant évoluant si l'on n'étudie qu'un seul organe (*voir* III, p. 13).

Beaucoup d'auteurs commencent l'étude du problème cosmogonique par celles des étoiles et sans tenir compte des nébuleuses évidemment très nombreuses près des origines. Mais l'astronomie sidérale ne fournit que des données statistiques ou assez imprécises. Ainsi ont été exquissées après Laplace les hypothèses de Roche, de Faye, de Darwin, de T. See, de Chamberlin et Moulton, d'Eddington, de Jeans, de Véronnet, difficiles à concilier entre elles, d'ailleurs critiquées par H. Poincaré, et qui, bien loin d'avoir jamais pu prévoir un fait astronomique avant son observation, ont vu le plus souvent les découvertes récentes en contradiction avec leurs déductions.

Toute autre a été l'évolution de nos recherches poursuivies sans relâche depuis un quart de siècle. Parti de l'idée *d'unité de plan génétique* dans tout l'Univers, nous avons pensé que, si l'on arrivait à une explication satisfaisante de la formation du système planétaire, elle serait valable pour tous les systèmes sidéraux. L'avantage d'un tel point de départ est que le système planétaire, tout proche de nous peut fournir une multitude de données précises et variées que nous ne possédons pas encore pour les systèmes sidéraux. Malheureusement les études planétaires sont actuellement trop négligées au profit des systèmes stellaires.

Or *l'unité de plan génétique* révélée par notre recherche empirique des lois nouvelles du système planétaire est celle de sa *formation dualiste* impliquant un choc originel, analogue à celui d'une Nova, sur une nébuleuse, choc obligeant à tenir compte de la translation qui n'a pas à être prise en considération dans les hypothèses monistes.

A quels caractères reconnaît-on qu'une recherche empirique a donné naissance à une science spéciale et nouvelle? C'est que dans le domaine spécial étudié elle a atteint le triple but de toute science :

1° Ramener des phénomènes en apparence distincts sous le contrôle d'une même cause explicative ;

2° Réduire au moindre nombre et à la simplicité la plus grande ces causes explicatives ;

3° Prévoir, grâce à la généralisation des formules et de la synthèse obtenues, des phénomènes nouveaux et les vérifier par l'observation.

L'Astronomie cosmogonique a rempli de tous points ce programme de Science ; en effet :

1° **Lois nouvelles et faits reconnus interdépendants par la Cosmogonie dualiste.** — Les *distances des planètes* et *celles des satellites* dépendent de la même loi exponentielle suivie par un anneau-tourbillon de fumée en translation dans l'air.

La *trajectoire spirale dans les nappes planétaires* en projection sur l'écliptique est la même que celle des *spires dans les nébuleuses spirales* comportant dans les deux cas un *départ centrifuge* des spires, *tangentiel à un noyau central.*

Les *inclinaisons des axes planétaires* sont liées par une loi inconnue jusqu'ici qui les lie aussi à la *direction de translation vers l'apex* et rend compte de la *distribution initiale des familles de p. planètes* dans le sillage des grosses planètes.

Les *inclinaisons des orbites planétaires* sont en relation avec *celle de l'équateur solaire* sur l'écliptique, due elle-même à la *direction de translation vers l'apex* faisant un angle de 28° avec l'axe de l'écliptique.

Une relation très générale (très précise dans le cas de la Lune) existe entre les e et les i d'orbite.

Les *durées de rotation des planètes* et *celle du Soleil* sont liées par une loi très précise faisant ressortir le dualisme originel d'un moment de rotation dû au noyau et d'un moment de rotation apporté par la matière satellitaire dans l'équateur de ces astres, ce qui fait comprendre l'*excès de vitesse équatoriale* de Saturne, Jupiter et du Soleil.

Les *masses des grosses planètes* et *du Soleil* sont liées par une loi qui donne pour le rayon moyen de la masse protosolaire (0,1607 U. A.) une valeur de bon accord avec celle du rayon équatorial (0,29 U. A.) du protosoleil aplati, valeur tirée de la loi des distances planétaires.

La *pression de radiation du protosoleil* explique *la dispersion des petites planètes* et la *formation de deux groupes de quatre grosses planètes* très différentes par les masses et les densités, ce qui n'avait jamais été expliqué.

2° **Simplicité et généralité des causes explicatives reconnues par la Cosmogonie dualiste.** — L'unité de plan génétique de tous les systèmes sidéraux se révèle par le fait que la même hypothèse dualiste [choc réel d'un astre central (soleil géant, amas globulaire ou courant stellaire) sur une nébuleuse] rend compte de toutes les particularités du système planétaire, des Novæ, du groupement unilatéral des amas globulaires, des Céphéides, de la formation des étoiles doubles ou multiples, visuelles ou spectroscopiques (parce que les étoiles d'un courant stellaire se rapprochent les unes des autres par la résistance du milieu nébuleux) des amas globulaires, des nébuleuses planétaires, des vitesses stellaires en rapport avec le type spectral, les nébuleuses agissant dans le choc d'un courant stellaire comme des filtres sélecteurs des densités et des vitesses.

3° **Faits prévus (avant leur observation) par la Cosmogonie dualiste alors** qu'aucune autre cosmogonie n'a réussi à en prévoir. — Mais le critérium incontestable s'ajoutant aux précédents pour prouver que l'*Astronomie cosmogonique* est arrivée au stade de science ayant des méthodes propres où s'associent à la gravitation la force répulsive de radiation et la force dispersive due aux chocs entre gaz purs ou mélangés de poussières (ce qui introduit nécessairement des tourbillons des deux genres), c'est que seule entre toutes les théories cosmogoniques fragmentaires produites jusqu'ici et excluant en général les forces répulsives et dispersives, la Science nouvelle est parvenue à prévoir un certain nombre de faits astronomiques énumérés ci-dessous :

1° En 1905 (4), j'ai affirmé que le système planétaire devait sa naissance au choc d'une Nova, ce qui parut alors peu probable : en 1923 les statistiques du professeur Bayley à Harvard ont montré qu'il paraissait par an au moins 10 Novæ dépassant la 10e grandeur, en sorte que toutes les étoiles, y compris le Soleil, ont dû passer par la phase de Nova.

2° En 1905 (4), j'ai donné 60 rayons solaires comme rayon de l'astre central ayant formé le système planétaire, ce qui parut invraisemblable. Ce n'est qu'en 1923 que Michelson a prouvé l'existence de soleils géants par la mesure des rayons de Bételgeuse, Antarès, etc., allant jusqu'à 300 rayons solaires.

3° En 1907, j'ai prévu que les satellites extrêmes d'un système doivent avoir leur révolution de sens inverse de la rotation de leur planète. Or les satellites rétrogrades de Jupiter VIII et IX ont été découverts en 1908 et 1914 et leur formation attribuée alors au hasard d'une capture.

4° En 1909, je présentai au Congrès de l'A. F. A. S. à Lille une théorie complète des nébuleuses spirales montrant que les spires étaient des trajectoires de matière en mouvement centrifuge alors qu'on les croyait des courbes synchrones ou en mouvement centripète. C'est seulement à partir de 1916 que Van Maanen vérifia sur plusieurs spirales le sens centrifuge que j'avais prévu.

5° Dès le début de ma théorie tourbillonnaire, je prévoyais que l'hélice trajectoire des molécules dans un tube-tourbillon devait être une trajectoire cosmique. C'est seulement en 1921 que Curtis photographia deux nébuleuses en hélice NGC 6543 et 7293.

6° En 1911 (1, p. 125), j'annonçais que, comme Jupiter, les grosses planètes et en particulier Saturne aurait une traînée de p. planètes dans son sillage à travers la nébuleuse marqué par la direction de son axe. La première p. planète de Saturne (Hidalgo) a été découverte en 1920 et son aphélie est bien dans la direction prévue sur la carte des p. planètes.

7° Prévision en 1914 (50, 51) que l'architecture profonde de la croûte terrestre devait être centrée sur son axe, qui marque la direction de translation dans la nébuleuse et dissymétrique du Sud au Nord. D'où en 1918 (2) découverte de toutes les lois de répartition en latitude des terres et des mers au niveau — 2000^{m}, loi des antipodes, de la terminaison en pointe vers le Sud des continents et presqu'îles, causes du niveau profond (vers — 100^{km}) de l'équilibre isostatique, de l'excès de densité des fonds sous-marins et du déficit de densité sous les continents.

Double utilité actuelle de l'Astronomie cosmogonique. — Tant de prévisions et de vérifications obtenues dans les domaines astronomiques les plus divers donnent à la nouvelle science la plus haute probabilité que ses déductions correspondent bien à la réalité cosmique. Elle pourra sans aucun doute perfectionner ses méthodes et étendre ses applications. Mais il est certain que dès à présent elle présente une double utilité pour le développement des autres branches de l'Astronomie.

1° **Économie de la pensée astronomique.** — Il importe au plus haut point que l'Astronomie théorique fasse l'économie de théories n'ayant aucun fondement dans la réalité. La loi exponentielle des distances des planètes et satellites est certainement une de ces réalités précises qu'il est impossible de nier. Par suite, *toute hypothèse cosmogonique est fausse si elle est incompatible avec l'existence de cette loi ou incapable de la démontrer :* les hypothèses de Faye, de Darwin, de T. See, de *Chamberlin et Moulton* sont donc inadmissibles. La loi des rotations directes, la loi des masses et celle des inclinaisons d'axe peuvent également servir de critérium pour empêcher les théoriciens de s'égarer dans des voies éloignées de la vérité cosmique.

Cette économie de la pensée astronomique est d'autant plus nécessaire que l'effort des chercheurs devra se porter sur les problèmes posés par la Cosmogonie dualiste que nous n'avons pas la prétention d'avoir résolu dans tous leurs détails, mais seulement comme une première approximation rendant compte déjà de la plupart des phénomènes observés. Il reste à créer une Mécanique céleste généralisée où, à la loi de gravitation, on adjoindra les forces répulsives et dispersives (dues à la radiation, à l'électricité et aux chocs cosmiques) et où ces forces seront appliquées à des étoiles géantes en translation dans les milieux nébuleux et y produisant des tourbillons des deux genres d'ailleurs instables du fait de la condensation gravitative finale.

2° **Plan de recherches pour les astronomes observateurs.** — Notre Astronomie cosmogonique a prévu en nombres quantité de phénomènes qui devraient solliciter l'effort des observateurs (durée de rotation de Vénus, $28^{h},5$, et des gros satellites de Jupiter, leur inclinaison d'axe, distances de satellites inconnus, des anneaux zodiacaux expliquant la partie la plus lumineuse de la lumière zodiacale, distances de planètes ultraneptuniennes dont la première a dû être déjà photographiée comme astre de douzième grandeur. Montrons par deux exemples l'efficacité de ce plan de recherches. Trouvée 12 ans plus tôt, la loi des distances aurait découvert l'existence et la distance exacte (2,53) du satellite V de Jupiter qui est en contradiction avec la théorie de Laplace. La distance de la première planète ultraneptunienne est d'après la loi des distances ($n = 15$) en théorie 62,44 qu'il faut diminuer d'un dixième et ramener à 56,2 pour tenir compte de la résistance au mouvement centrifuge dans la nébuleuse, comme la distance théorique de Neptune, 33, a été réduite à 30 ; la loi des masses donne 2,2 fois la masse de la Terre pour celle de cette planète ; or Pickering par l'écart en longitude de Neptune par rapport à la table de Newcomb a conclu à l'existence d'une planète ultraneptunienne de masse 2 à la distance 55 (Circular Harvard 215).

Le nombre et la variété des faits cosmiques auxquels j'ai appliqué avec succès depuis près de 25 ans les méthodes que j'ai instituées et qui constituent les bases de l'*Astronomie cosmogonique* démontrent avec évidence dans les pages précédentes que cette science nouvelle a fourni toutes les preuves que l'on peut et doit exiger d'une science.

Les résultats déjà obtenus me font espérer qu'avec le temps une moisson de preuves nouvelles viendra enrichir le domaine de l'Astronomie cosmogonique si de plus jeunes que moi consacrent à son développement leur activité scientifique.

85548-28 Paris. — Imprimerie GAUTHIER-VILLARS et Cie, quai des Grands-Augustins, 55.

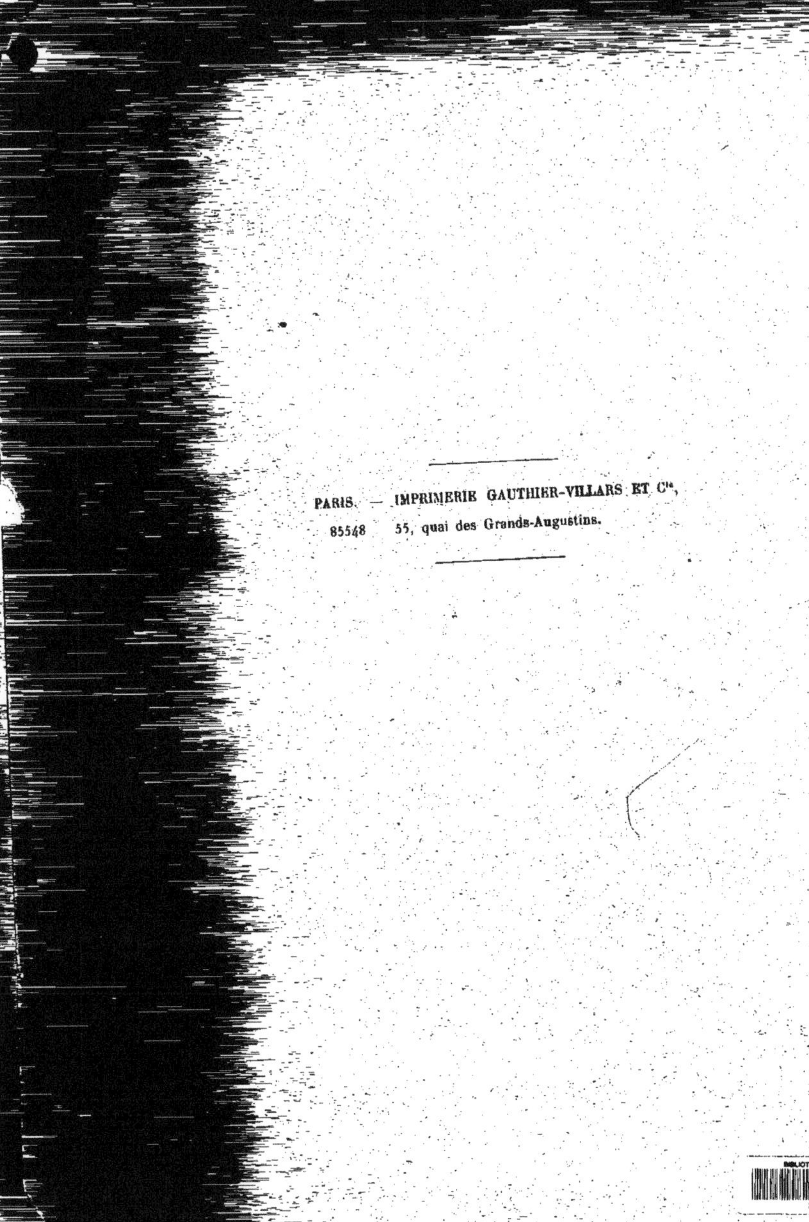

PARIS. — IMPRIMERIE GAUTHIER-VILLARS ET Cie,
85548 55, quai des Grands-Augustins.

www.ingramcontent.com/pod-product-compliance
Ingram Content Group UK Ltd.
Pitfield, Milton Keynes, MK11 3LW, UK
UKHW022132260726
13993UKWH00003B/1386